京都深度私旅

Kyoto

在地人的私訪路線
有故事的口袋名單

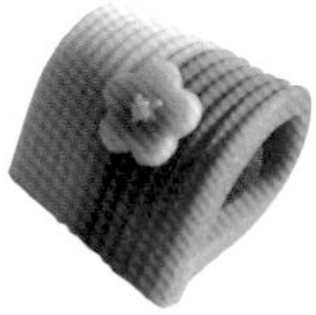

林奕岑——著

太雅

目錄

法然院
永観堂
哲学の道
若王子神社

展開一場美好的京都之旅！

無論在日本還是台灣，以京都為主題的書刊多如繁星。定居京都超過10年、經常在社群網站分享京都生活體驗與學習心得的我，還能以哪個角度切入？在滿足旅人需求的同時又保有自我風格？尤其身處在上網就有無盡的免費資訊的時代，我們為什麼還要閱讀紙本書刊？這些是我每次企劃新書主題之前，必經的思考過程。

這次我換上私人導遊的心境，以自身經歷為基礎，寫下這本「有在地生活感」的旅遊參考書。書寫過程遇到疫情，不只出版計畫暫時喊停，現實生活中的考驗更是嚴峻。灰暗的日子長達3年，好不容易迎來曙光，然而店家與景點相關資訊因受疫情影響一變再變，原本完成的大部分內容必須砍掉重練。如今終於付梓，心中百感交集。

要謝謝好多人！首先感謝編輯團隊一路上的協助，我才有信心走到這一步。更要感謝家人、好友們、同學們以及學長與學姊們，因為有你們無條件的愛與支持，才有今日在異鄉勇敢向前的我。特別感謝Cass、Fi。

由衷期盼這本書能帶給您一點靈感，協助您展開一場「接地氣」的京都之旅。Cheers！

關於作者

Mandy

本名林奕岑，出生於台灣高雄市。目前定居京都。

自認性格矛盾，孤僻又熱情，有金牛座的務實特質卻總是不安現狀。大學畢業後在媒體界待了十幾年，曾任電台DJ、記者等等；三十多歲離開台灣到日本展開第二人生，完全是意料之外的事。

熱愛美食、閱讀與旅行，在自學和菓子多年後，曾有幸擔任和菓子手作教室的指導講師。現轉往日本料理界重新歸零學習，餘暇時從事寫作。

著有《MJ交換週記：京都X台南的100個美好生活》、《極上京都：33間寺院神社X甘味物語》。

粉絲團

在Facebook上搜尋「Mandy京都進行式」，按讚、追蹤，一起欣賞不一樣的京都。

走讀京都的新旅程

期盼奕岑的新書真的有一段時間了，這一段日子裡也還因為疫情影響了人們移動與交往的方式，幸好我們在網路平台裡還能讀到她分享在京都生活的經歷與體驗，這是我們依舊可以向京都望去的窗：這個有著千年底蘊的古都依舊隨著季節與時序運轉著，她也就這樣在京都日常的生活中，將體驗與經歷成為自身的印記再傳遞給我們。

儘管年年歲歲花相似，沒有這樣一次次隨著四季重逢與時序再會，是不容易積累與反覆咀嚼而內化成自己內心的感受，這樣的歷程依舊持續進行著，只是我已經很期待能讀到這個當下，奕岑所要帶給我們久別後的京都風貌。

我喜歡讀跟看奕岑的作品，讀的是文字，看的是照片，這兩者都是她真心真情所完成。我常常就在字裡行間以及在照片中，彷彿看到她在京都生活的身影。對旅行來說，行萬里路跟讀萬卷書是相佐的，喜歡京都或是有計畫自己到京都旅行的朋友，何妨讓這本書陪伴著，來趟走讀式的旅行。

媒體工作者　張淳盈

臺灣太雅出版編輯室提醒

太雅旅遊書提供地圖，讓旅行更便利

地圖採兩種形式：紙本地圖或電子地圖，若是提供紙本地圖，會直接繪製在書上，並無另附電子地圖；若採用電子地圖，則將書中介紹的景點、店家、餐廳、飯店，標示於 Google Map，並提供地圖 QR code 供讀者快速掃描、確認位置，還可結合手機上路線規畫、導航功能，安心前往目的地。

提醒您，本書採各店家、各景點皆有一個定位 QR Code，若您人還在台灣，或尚未抵達京都，將無法透過 Google Map 進行導航，必須人在當地才能使用。

出發前，請記得利用書上提供的通訊方式再一次確認

每一個城市都是有生命的，會隨著時間不斷成長，「改變」於是成為不可避免的常態，雖然本書的作者與編輯已經盡力，讓書中呈現最新的資訊，但是，仍請讀者利用作者提供的通訊方式，再次確認相關訊息。因應流行性傳染病疫情，商家可能歇業或調整營業時間，出發前請先行確認。

新版與舊版

太雅旅遊書中銷售穩定的書籍，會不斷修訂再版，修訂時，還區隔紙本與網路資訊的特性，在知識性、消費性、實用性、體驗性做不同比例的調整，太雅編輯部會不斷更新我們的策略，並在此園地說明。您也可以追蹤太雅 IG 跟上我們改變的腳步。

資訊不代表對服務品質的背書

本書作者所提供的飯店、餐廳、商店等等資訊，是作者個人經歷或採訪獲得的資訊，本書作者盡力介紹有特色與價值的旅遊資訊，但是過去有讀者因為店家或機構服務態度不佳，而產生對作者的誤解。敝社申明，「服務」是一種「人為」，作者無法為所有服務生或任何機構的職員背書他們的品行，甚或是費用與服務內容也會隨時間調動，所以，因時因地因人，可能會與作者的體會不同，這也是旅行的特質。

票價震盪現象

越受歡迎的觀光城市，參觀門票和交通票券的價格，越容易調漲，特別 Covid-19 疫情後全球通膨影響，若出現跟書中的價格有落差，請以平常心接受。

謝謝眾多讀者的來信

過去太雅旅遊書，透過非常多讀者的來信，得知更多的資訊，甚至幫忙修訂，非常感謝你們幫忙的熱心與愛好旅遊的熱情。歡迎讀者將你所知道的變動後訊息，善用我們提供的「線上回函」或是直接寫信來 taiya@morningstar.com.tw，讓華文旅遊者在世界成為彼此的幫助。

京 都 地 圖 索 引

景點

WholeLoveKyoto

SOU SOU

Coffee Base
梨木神社

平安神宮

勝林寺

新風館

D&Dept 京都

HOSOO 細尾

鳩居堂

開化堂

立誠

Enfuse 京セラ

文化博物館

美食

進進堂麵包

Le Petit Mec 麵包

francois 喫茶

Smart Coffee

INODA COFFEE
本店

書中所有景點、美食、住宿，採各店家、各景點一個 QR Code 的方式，透過掃描 QR Code，即可連上 Google Map，使用 Google Map 功能尋找位置，立即導航前往目的地。
提醒您，掃描 QR Code，必須在當地才能定位成功，並連接至 Google Map 導航至目的地。若是人還在台灣，或尚未抵達京都，掃描 QR Code，將無法進行導航。

大極殿本店	KANEGURA 佽	三嶋亭	東洋亭	志津屋麵包
AMACO 西利	とようけ茶屋	森嘉豆腐	出町雙葉	梅園茶房
W&H	La Madrague	三木鶏卵	isoism 漬野菜	土井

住宿

空庭露臺京都	OMO5 祇園星野	丸福樓	梯子咖啡	星巴克二寧坂

觀光客消失的京都

全球走過大疫，日本終於在2022年10月開放國境歡迎全球旅客入境觀光，並於2023年5月起將新冠病毒的威脅程度降級與流感同等的第五類。隨著日趨回歸正常生活狀態，那段曾經實施多次緊急狀態宣言、遠距上班上學或停班停課、每天都在關心確診人數、量體溫噴酒精消毒、原本常去的餐飲店相繼倒閉的日子，現在回想起來，彷彿上了一課「世事無常」。以下帶大家一起來快速回顧，疫情蔓延以來京都發生過哪些變化。

防疫期間的新生活模式

那些消失的店家

下次你來京都，已經吃不到的包括牛排丼專賣店「佰食屋」的姊妹店「佰食屋 1/2」、錦市場專賣熟食的百年老店「井上佃煮」、和菓子蕨餅名店「洛匠」等等，關閉的賣場則有 O1O1、電器商場「Bic Camera」JR 京都車站店等。因不敵新冠病毒蔓延導致營業額銳減，或再加上租約到期等因素的考量下，關門大吉。

應運而生的新詞彙

1. 默食

默食顧名思義就是默默進食，原本是佛門弟子修行時的規矩。疫情延燒第二年時，日本九州一家餐廳的老闆在店內貼出了默食海報，呼籲客人用餐時保持靜默以免飛沫傳染，迅速獲得政府與民間的迴響，「默食運動」就此在日本全國展開。

2. 三密

三密是取「密閉」、「密集」和「密接」的字頭的簡稱，日本政府多次呼籲國民要避免三密：避免閉密空間、不進出人潮密集場所、避免與他人近距離會話。

日本各地餐飲業者在店內外都貼有默食海報

疫情蔓延期間，京都車站大階梯的燈光秀主題是保持社交距離

引領拍照風潮的神社花手水

什麼是花手水?先來認識手水舍。日本的神社、寺院入口處通常會設置手水舍讓參拜民眾潔淨口、手，代表洗去世間塵污，以清淨的身心去禮敬神佛。疫情期間為避免接觸傳染，神社寺院收起了舀水用的勺子改以鮮花裝飾。引領這一波花手水風潮的，是京都這所以保佑眼疾治癒聞名的柳谷觀音楊谷寺。花手水原本是信眾前往位在深山的神社寺院參拜時，由於野外取水困難，於是利用花草植物上的天然露水來替代潔淨手口。(神社、寺院會依宗派不同，花手水的定義與做法也有不同詮釋)

其實楊谷寺自2015年起就隨著四季，在境內多處的手水缽內以鮮花或楓葉裝飾，絕美風情立刻在日本社群媒體上流傳開來，變成了拍照打卡熱點。後來疫情期間其他的神社寺院或是希望藉此吸引更多遊客前去參拜，或是祈禱疫情早日平息並撫慰民眾心靈，也起而仿效設置花手水。至今各地的花手水依然存在，美麗且療癒。

北野天滿宮的花手水美得很有氣勢

逆向商機的自動販賣機

再來看這一波自動販賣機風潮。餐飲業為了彌補客人不上門或縮短營業時間造成的虧損，紛紛推出冷凍食品並以自動販賣機為銷售通路。日本原本就是自動販賣機大國，飲料、食品、化妝品什麼都買得到。然而因應疫情催化了知名餐廳以冷凍食品進駐自動販賣機，還有24小時無人冷凍水餃店越開越多，這些應該是不可逆的潮流。

名店冷凍食品販賣機如雨後春筍般出現

日本旅遊入境須知

目前台灣人到日本旅遊基本上已全面解除疫情相關限制，並恢復短期免簽證入境(每次可停留90天)。入境流程其實和疫情前並沒有太多改變，只是多了事先上網辦理入境的選擇，到時候就不需再填寫紙本資料，方便大家更快速通關。

以下為大家整理出最新的日本旅遊入境須知以及相關的入境流程，僅供參考。入境日本規定或許還會有變動，詳情請以外交部領事事務局的官網公告為準，或向日本台灣交流協會台北或高雄事務所洽詢。

入境須知

太久沒出國了，請務必提前確認護照是否還在有效期內。無論計畫前往哪個國家旅遊，護照效期都必須有6個月以上的有效期限。

入境日本時請記得注意身上的現金、有價證券等總金額以及免稅物品是否在規定範圍內，超過的話一定要辦理申報手續。還有這點很重要！不能攜帶植物以及下列食物：肉類製品(包括肉鬆、肉乾)蛋類、未加工處理的水果、活體海鮮、乳製品則限制非營利用途10公斤以下(含保久乳、起司條)。

NOTICE

需要申報的物品

攜帶物品申報單可於飛機上或是海關行李檢查檯前的書寫檯取得，超過以下數量時就要記得申報。

1 攜帶現金、旅行支票及有價證券，總值超過 100 萬日圓
2 攜帶純度 90%以上的黃金達 1 公斤以上
3 超過免稅範圍的物品

免稅規定

免稅範圍的詳細規定補充如下：酒3瓶(每瓶760ml計)、香菸200支(持有者必須年滿20歲)、香水2盎司，以上物品總值需在20萬日圓內。

關西機場航空公司櫃檯

往來關西機場與京都的「關空特急HARUKA號」

NOTICE

Visit Japan Web 申請步驟

可使用 Visit Japan Web 的機場目前有成田國際機場、東京羽田機場、關西國際機場、中部國際機場、福岡機場、那霸機場、新千歲機場。

關於 Visit Japan Web 申請步驟與使用流程，簡單說明如下：

Step1
建立帳號（需要電子郵件帳號）

Step2
登錄使用者資料（包括掃描護照）

Step3
登記入境與回國預定日期（包括在日本的聯絡處資料）

Step4
填寫外國人入境紀錄與海關申報

・Visit Japan Web（繁體中文頁面）網址 www.vjw.digital.go.jp/main/#/vjwplo001

入・境・流・程

Step1 飛往日本前，先利用 Visit Japan Web 辦理入境審查與海關申報等，取得 QR Code（或是在機上填寫外國人入境卡與申告書），且必須在抵達日期的 6 小時前（以上）完成

出發前先登錄使用者資料（圖片提供：日本數位廳「デジタル庁」官網）

Step2 下機後跟隨指示牌到出關口

Step3 前往外國人通道排隊出關

Step4 提交護照、掃描 QR Code 或提交入境卡，並使用機器登記指紋且進行臉部攝影

抵達日本後的海關申報（圖片提供：日本數位廳「デジタル庁」官網）

Step5 到行李轉盤提領託運行李

Step6 前往海關，在電子申報裝置上出示 QR Code（或提交外國人入境卡與申告書）

Step7 成功入境日本

日本最具有「個性」的京都人

日本47都道府縣的縣民性格各有特色，日本綜藝節目特別喜歡以京都人來做文章，因為京都人是全日本公認的難相處第一名，自尊心特別高。至今在多數京都中老年人的心中，日本的首都依然是京都，京都御所才是真正的皇宮，東京的皇居只是天皇的行館，老一輩京都人理直氣壯，憑據之一就是天皇的即位大典還是要回來京都舉行。除了自認比其他縣市居民高尚，京都人還有哪些特性？

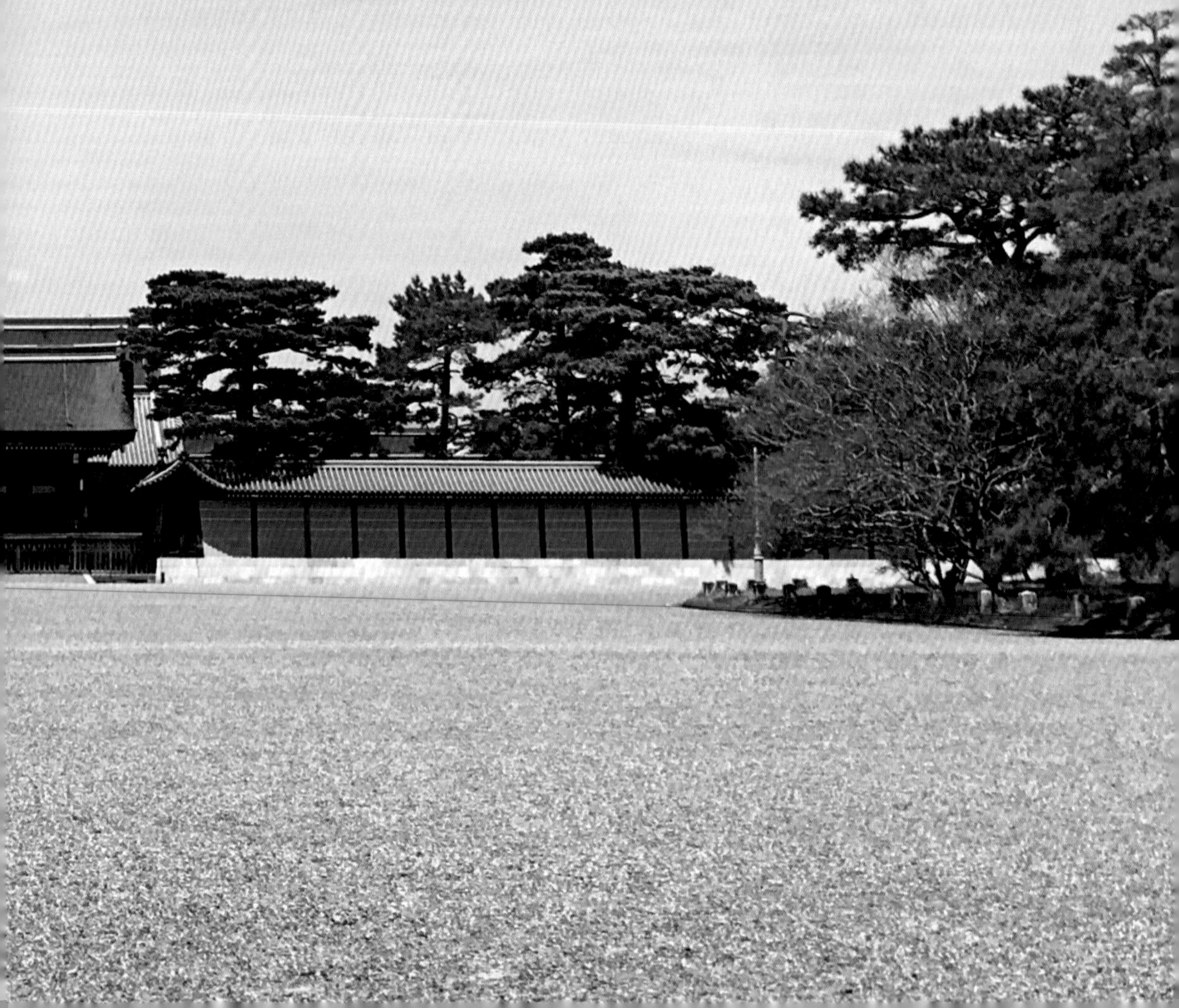

那些旅人不知道的在地人信仰

京都有17處世界文化遺產，無人不知的金閣寺、銀閣寺、清水寺、平等院，是海內外各地旅人到京都必訪之處；在這17處之中，以石庭出名的龍安寺更是英國女王伊莉莎白二世生前極為推崇的禪寺。然而這些觀光客愛去的寺院神社，土生土長的京都人卻很少去，而且就算沒去過也不會覺得奇怪。在多數京都人的心中，金閣寺不算古蹟，而是昭和時代（1950年）一場火災之後重建的新的觀光景點。「觀光景點總是太多的觀光客」，而且京都人也不太能接受看「自家」的古蹟為什麼要付費而且金額和外來的人一樣高？

那麼，在地人最常去而且免費的寺院神社是哪些呢？答案是自家附近或許名不見經傳，意即非觀光客導向的神社、寺院；而最常合十禮敬的，則是鄰里巷口的那尊地藏石像，並親切的稱其為地藏桑（お地藏さん）而非地藏菩薩。

①

1.詩仙堂苔庭上的童地藏看了好療癒／2.穿著圍兜頭戴毛線帽的地藏石像／3.位於三條會商店街內的地藏菩薩

地藏菩薩才是京都人的守護神

在漢傳佛教的四大菩薩之中，影響日本人最深的是地藏菩薩，後來漸漸和日本本土的民間信仰結合，形成了日本特有的「地藏信仰」。

你或許曾注意過，在京都街頭有一些小石像，部分會頭戴著紅色毛線帽，身穿圍兜，這些石像就是地藏菩薩，是一種保護兒童平安長大以及防止瘟神惡鬼入侵社區的守護神，類似土地神。據信，京都市內總共有約8千到1萬尊這樣的小石像地藏菩薩。由於京都自平安時代至戰國時代曾飽受多次戰火與疫病摧殘，因此更加深了當地人的地藏信仰。

夏日地藏盆祭典，祈求平安

每年8月下旬，京都各處的町內自治會(類似管理委員會)會舉辦「地藏盆」，算是日本獨有的一個夏季兒童節日，而且在關西地區比較盛行，尤其京都人更是相當重視。社區內的大人小孩們齊聚一堂，清洗地藏石像，並在地藏石像堂前掛燈籠、獻上供品。其中最普遍的傳統儀式是大家圍坐成一圈，用一條長度約3～5公尺的念珠，大人小孩一起輪流一粒一粒數念珠，一邊數一邊在內心祈願；之後會玩遊戲或進行摸彩活動。這是京都人與地藏菩薩同樂的重要日子，以祈求當地安定繁榮、孩子們平安健康長大。

除了京都街坊路口上保佑町內安全的地藏菩薩，在大原地區的三千院、一乘寺的詩仙堂境內，青苔庭園中則

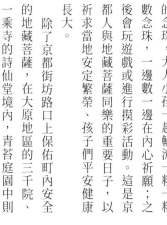

有一尊尊小巧可愛、模樣超萌的童地藏（わらべ地藏），看過的人無不感覺身心被療癒了。

町家屋簷上的鍾馗像，驅魔辟邪

漫步在京都街頭，尤其是祇園、西陣一帶，抬頭仔細一看，就會發現許多傳統町家的屋簷上有一尊小小的鍾馗像，大小、表情與站姿也不盡相同。

鍾馗是源自古代唐朝的神明，具有驅魔辟邪、鎮宅賜福的力量。相傳從前京都有戶人家蓋了新房子安裝了新的鬼瓦，而對面那戶人家的一位女性從此病倒了但查不出病因。後來到處求神拜佛，並參考了古代唐朝的鍾馗信仰，在自家屋頂上安上了鍾馗像來除魔，竟然立刻不藥而癒。消息傳開後家家戶戶也跟著在屋頂上放置鍾馗像祈求平安，鍾馗＝趨吉避凶的習俗因此而生。

值得一提的是鍾馗的日語發音與「正氣」、「商機」相同，老一輩的京都人尤其是做舞妓生意的花街，更是相信在門上安置鍾馗老爺像能保佑生意興隆。

豆知識 —— 辟邪的鬼瓦

鬼瓦，是固定在屋脊的屋瓦，通常是表情有點猙獰的獸面花紋，所以名為鬼瓦。在日本尤其是寺院很常見，是日本傳統建築工藝之一。自古以來人們相信鬼瓦能辟邪除災，而擅長製造鬼瓦的職人則稱為鬼師。

在京都祇園一帶的京町家屋簷上很容易找到鍾馗瓦像

不為人知的腹黑文化

曾獲選為全世界最具魅力城市第一名的京都，平均每年超過5千萬名觀光客到訪。但其實京都人是全日本公認最難搞的「天龍國人」，和不熟的京都人講話要能聽懂弦外之音，否則會被鄙視還不自知。「京都人很腹黑」的負面印象長期以來深植於日本其他縣市民眾的心中。什麼是「腹黑」？京都人真的腹黑成精？

在祇園一帶許多小路的轉角處都有「意地惡石」

暗藏的弦外之音，茶泡飯傳說

簡單來說，「腹黑」是指心口不一。老京都人的遣詞用字多半都很溫和、委婉，說話拐彎抹角、話中有話。比如當你邀約京都人，如果對方回答：「請讓我稍微考慮一下好嗎？」真正的意思就是「拒絕」，千萬不要過幾天再去問對方「你考慮得如何了呢？」這樣只會被視為太白目。此外，表面上聽起來是稱讚，實際上是拐著彎罵人的情況也比比皆是。如果隔壁鄰居稱讚你家孩子的鋼琴彈得越來越好，京都人會如是回應「果然被聽見了，對不起給您們添麻煩了。」假如京都人說「這道菜的味道真特別啊！」隱含的意思通常是「難吃死了！」

最經典的例子莫過於「茶泡飯傳說」了。到京都人家中作客用餐後，當主人問你：「要不要來碗茶泡飯」時，言下之意其實是「您怎麼還在我家？請回吧！」這時候要回答「謝謝款待，我該走了。」才是正解。同理，業務拜訪客戶快談完時，如果聽到老闆說「再泡一杯茶給客人」時，意思也是在暗示「你可以回去了」。

1

1.現在你終於弄懂了京都街頭轉角處的石頭與小鳥居的用意了吧／2.到京都人家裡作客聽到關鍵字「茶泡飯」時要知道該告辭了

腹黑心思—壞心眼石頭

京都的腹黑文化不只展現在人際溝通上，也延伸到街道上讓人丈二金剛摸不著頭緒的「裝置」。比如在市區街道轉角中出現的石頭或是在某些民宅外牆上立有小鳥居形狀的木製品。那當然不是什麼藝術裝置，而是一種「壞心眼石頭」(日文是いけず石，漢字為「意地悪石」)。

由於京都市區的街道多半很狹窄，如果開車技術不老練或不熟路況很有可能就擦撞到民宅牆壁。一向優雅的京都人不想與陌生人吵架，於是悄悄放上石頭來防止汽車轉彎時擦傷自家牆壁，也可視為是一種「請小心駕駛」的善意提醒。

至於在住家門牆外或是附近電線桿裝上了小鳥居，用意是防範有人酒醉後當街小便，同時也是提醒遛狗人士「請做好善後處理」。大家都知道立在神社最前方的鳥居代表著「結界」，區分了「神域」與「俗界」。瞧！京都人是不是城府很深?!

話中有話的說話藝術

其實日本人普遍都很重視「讀空氣」，也就是察言觀色的能力。在公開場合說話時，多半很婉轉，其中又以京都人的委婉最讓日本人招架不住甚至害怕。而且京都人特別是那些住在洛中(上京、中京)的「真正」京都人，時常流露出一種高傲的氣質，經常被認為太跩、難相處。

在多數京都人心中，直白的說話方式與粗魯、沒品畫上等號。其實這種心態與京都長年以來的「公家文化」也有關，公家指的是達官貴人，從平安時代起日本皇室貴族以及效力朝廷的朝臣們都住在京都，因此養成了京都人的應對進退也都合乎禮儀。

也有一說是京都戰亂頻仍，每次發生大規模戰爭京都就會遭到「外來者」破壞，為了保命，京都人養成了不會得罪人的說話藝術。委婉表達有時候並不是諷刺，而是「直接說出來可能會傷害對方」的體貼。然而外地人尤其是外國人，通常很難分辨京都人話中的真正涵義，有時候也容易因不懂弦外之音而遭到鄙視。跟京都打交道時，說話與聽話，實在是一門很深的學問。

京都人的日常飲食跟你想的不一樣

日本人的傳統飲食「和食」於2013年被列為「無形文化遺產」迄今已10年，而一向給人和風印象的古都京都，在地人的日常三餐想必都是和食或所謂的京料理，飲品應該以抹茶居多吧！如果你也這麼想，誤會可大了。其實京都人平常很愛去中華料理餐館，而且比起日本煎茶更常喝咖啡，對於從西方傳來的麵包文化更是熱愛到無以復加。於是人口數約為147萬的京都市，長年以來都在日本47都道府縣的麵包與咖啡消費量排行榜上的前三名。

愛中華料理勝於和食料理

「中華」料理是指經過日本人改良，符合日本人口味的中華系菜餚，如果是正統的北京菜、上海菜，日本人則稱之為中國料理。在日本的中華料理中，又以煎餃、炒飯、天津飯、麻婆豆腐等最具代表性。連鎖店「餃子的王將」對京都人而言是不可取代的中華料理「名店」，位在四條大宮的創始店，是全日本餃子迷到京都時的朝聖地。另外，一年四季無論何時總是大排長龍的「マルシン飯店」則是京都知名度極高的中華餐館，不只日本外縣市觀光客趨之若鶩，也備受京都米其林星級的法國料理主廚與懷石料理人的好評。

除了上述比較大眾化的中華餐館，其他有口皆碑的高檔名店包括有「京都定番」美譽的大倉飯店「中國料理桃李」、北京料理名店「膳處漢ぽっちり」、「大傳梅梅」以及鴨川畔歷史悠久的「東華菜館本店」等等。

愛喝咖啡勝過煎茶

說京都是「喫茶店之都」一點也不過譽，根據調查數據顯示，京都一戶家庭平均年間的咖啡消費額是全日本第一名。由於倖免於二次大戰戰火，許多老咖啡店至今依然健在，孕育出古都獨特的咖啡文化。全國知名的老咖啡館 INODA COFFEE、smart coffee，培育出許多冠軍咖啡師

知識豆

麵包消費位居全日本第一

根據日本農林水產省與總務省 2022 年的家計調查資料，在麵包支出額這個項目上，京都市民一戶家庭年均是 37,821 日圓，略低於神戶市的 38,411 日圓，位居全日本第二名。但如果是以 2020～2022 年的年平均數據來看，京都市則是第一名。

1.「六躍社咖啡店」的特調咖啡和甜甜圈很有特色／2.鴨川旁的「東華菜館」是京都知名的北京料理餐館／3.「餃子的王將」是京都男女老少都喜愛的連鎖中華餐館

1.京都老牌咖啡「小川咖啡」本店／
2.有九成的京都人早餐吃麵包配咖啡

的小川咖啡，以自家烘焙豆子聞名的WEEKENDERS COFFEE以及三代經營的六曜社，純手工茶筒老鋪開設的Kaikado Café等等，都是有故事、深具特色，值得專程一訪的咖啡店，「京都喫茶」長年來始終是日本各大媒體的專題報導主題之一。

同時，千年古都也深受國際咖啡連鎖品牌的青睞，比如全球唯一有榻榻米座位的星巴克就在京都。值得一提的還有標榜用御神水或京都名水沖煮的咖啡，像是位於上賀茂神社境內的神山湧水咖啡「煎」以及梨木神社境內的「Coffee Base NASHINOKI」。

這座予人傳統印象的古都，咖啡文化如此朝氣蓬勃，老派喫茶店、高端精品咖啡店、自家焙煎店、神水咖啡店百花齊開，處處聞得到咖啡香。

愛吃麵包勝過米飯

京都人有多愛吃麵包？根據日本總務省每年的調查數據顯示，無論在年均消費金額與消費量上，長年以來京都市與神戶市都在伯仲之間。而且高達九成的京都人選擇麵包當作早餐而非傳統的白飯醬菜味噌湯，這個事實讓許多老外大感意外。

京都市內大小麵包店林立，平均每10萬人就有14.64間店鋪，高於神戶市的13.66間以及東京都23區9.86間，居全國第一位。無論是百年連鎖品牌老店或個人店，都各擅勝場，各有死忠擁護者。所以來到京都旅行一定要吃麵包，而且不必拘泥於名聲響亮的排隊名店，社區型的個人麵包店也一樣有著令人吃不膩或是感動的質樸好味。

以上先簡單為大家釐清京都人的味蕾喜好，接下來的章節會再深入介紹京都的咖啡文化和咖啡店，以及麵包文化與代表性的麵包店。

京都潛規則，小心別踩雷

鴨川等距離排排坐是京都人都知道要遵守的「默契」

一般旅遊書沒寫、留學日本時學校也沒教，但旅人不可不知的當地禮儀與注意事項有哪些？而京都人的潛規則又是什麼？老話「入境隨俗」不無道理，到千年古都京都旅行時，不妨將這趟旅行想成是到人家家裡作客，懂得禮節，遵守人家的規矩和風俗習慣才是上道、受歡迎的客人啊。以下提供幾點請大家參考。

潛規則1

坐在鴨川沿岸賞景，請遵守「等距離」法則

京都人做什麼事都很講究，竟然連坐在河邊聊天也有一套不成文規定，以最受旅客歡迎的鴨川來舉例，有所謂的「等距離法則」（日文是「鴨川等間隔の法則」）。根據我住在京都多年，坐在

錦市場的警告標語：請勿邊走邊吃、禁止吸菸

鴨川岸邊野餐的實際經驗是，無論後來人數如何增加，情侶或團體或單獨一人之間，確實會保持著讓人舒服的距離感，大家心照不宣遵守著「等距離」原則。如果有人破壞了這個原則，「那一定是不懂京都的外地人啦！」

潛規則 2

錦市場禁止邊走邊吃、禁止吸菸，違者罰款

有「京都的廚房」之稱的錦市場，是指西起高倉通東至寺町通，長度約400公尺的錦小路通商店街。集結了約130間店鋪，歷史已超過400年，原本是京都人世世代代採買魚貨蔬果等生鮮食品，以及加工食品、乾貨、日常用品等等的好去處，近年來在京都市府努力推廣觀光之下已越來越觀光導向。

錦市場內的小吃類美食種類繁多，包括高湯玉子燒、海鮮串、各種炸物、網美鯛魚燒，年年吸引海內外觀光客，也因此衍生出不少問題，最讓在地人不滿的是原本就狹窄的錦小路通變得更加寸步難行，以及遊客隨手丟垃圾製造髒亂。

錦市場商店街振興組合委員會於是訂定了規則，呼籲遊客來到錦市場後，請勿邊逛邊吃，並禁止吸菸，違者罰款。理由是錦市場「本來」就是「買」東西的地方，任何吃食請外帶到附近公園或回到下榻飯店享用，不然就是請好好站在店家前吃完。其中少部分店家有提供內用座位，也有一兩間食堂像是「錦食堂」則大開方便之門，歡迎遊客攜帶在錦市場購入的外食入內。低消是一杯飲料，就可以大大方方在餐廳內進食。請大家善加利用。

潛規則 3

花見小路的私人道路禁止攝影

祇園花見小路一帶充滿京都傳統風情，漫步其中還有機會巧遇真正的舞妓藝妓，讓全球觀光客趨之若鶩，也對當地居民和舞妓們造成諸多困擾。長期軟性勸告無效後，一向優雅溫和的京都人忍無可忍，在花見小路上到

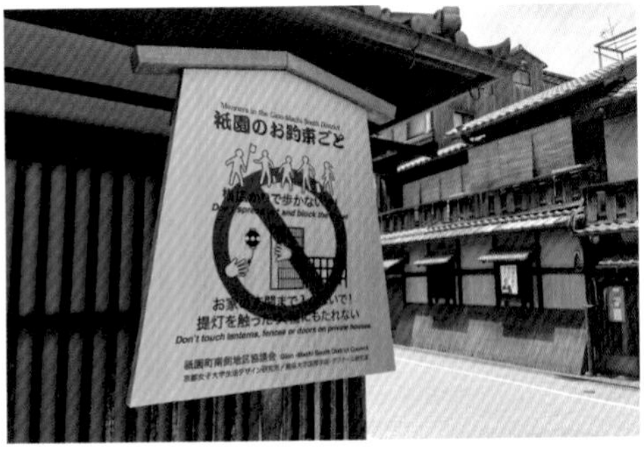

花見小路上的警告標語：請勿踏進民宅的玄關或觸摸掛在店家門前的燈籠

花見小路上的警告標語：私人道路禁止攝影

處豎立警告看板，包括：私有道路內禁止攝影、請勿踏進民宅或店家的玄關、請勿碰觸掛在店家門前的燈籠、未經舞妓藝妓同意請勿強行拍照更忌觸碰她們等等。

潛規則4

室外公共場所及馬路禁止吸菸

日本是香菸大國，原本在多數的餐廳、咖啡館內可以抽菸。但是自2020年起日本政府實施「健康促進法修正案」，禁止在使用者眾多的設施內抽菸。其實室內公共場所禁止吸菸已是世界多數國家的共通準則，但是在京都市，連室外也不准！京都市內全區域的室外公共場所包括馬路，全面禁止吸菸，癮君子必須到指定的吸菸場所才行，違者將被處以1,000日圓的罰鍰。

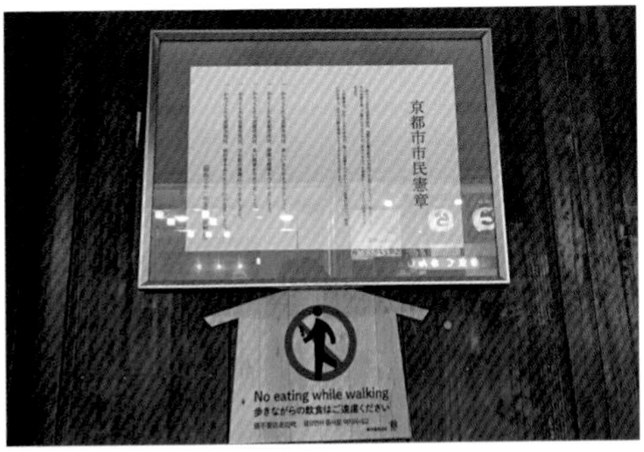

錦市場的警告標誌上方貼著京都市民憲章

京都市區到處都可見「道路禁止吸菸」的標語

再訪京都新玩法

世界各地的旅人造訪京都的目的不盡相同，
多數人是為了一睹「世界遺產」的風采。
京都的寺院神社不只是宗教場域，
還有更多元精彩的活動等著你。
千年古都是座適合走路與騎乘的城市，
想要健行或騎自行車不必捨近求遠，
在市區內就有幾條沿途風光明媚、歷史悠久的路線。

|玩|法|01

到神社體驗瑜伽、賞夜櫻、品咖啡

要體會寺院原本的清靜，
非常建議大家安排時間參加寺院主辦的冥想課程。
除了打坐也有抄寫經文和瑜伽練習等。

體驗瑜伽與禪坐，放鬆身心靈

京都一向給人三步一小廟五步一大廟的印象，許多知名寺院與神社的觀光色彩越來越濃，甚至變成日本年輕女性的拍照聖地。如果不想像一般觀光客匆匆一遊打卡拍照，想要感受寺院原本的清靜，非常建議大家安排時間參加寺院主辦的冥想課程。

除了打坐，也有抄寫經文和瑜伽練習等相關活動，而且已行之有年。尤其這幾年病毒鋪天蓋地而來，有更多人想尋求內心的平靜以及增進身心靈健康，於是寺院的參禪與瑜伽練習課程就更受歡迎了。

1.勝林寺每天舉行坐禪體驗(圖片提供：勝林寺)／2.提供的和菓子與抹茶也會隨季節變化(圖片提供：勝林寺)／3.在寺院做瑜伽身心舒暢(圖片提供：勝林寺)／4.勝林寺的書院一隅(圖片提供：勝林寺)

勝林寺推出禪坐體驗

勝林寺是京都五山中排第四位的禪寺東福寺的塔頭之一，境內不大，每天舉行禪坐體驗和抄寫經文等活動，無論是小學生還是年長者或是初次接觸打坐者都能安心參與，同時每月也不定期舉行瑜伽體驗與其他季節限定活動。

在寧靜的早晨，坐在方丈建築內的榻榻米上，面對著庭園，雙眼半閉，聞著線香，安靜數息，專注呼吸，練習不用腦思考，學習內觀。無論看到或聽到什麼，都接受，然後放下。靜坐之後身心像是被洗滌了一般，澄澈無雜念。接著繼續瑜伽的練習，感覺全身漸漸地放鬆、舒展、平衡，腦部也得到了淨化。最後是聆聽住持以淺顯易懂的方式講經說法。如果你略通日文當然是更好，不懂也沒關係。禪宗有句話是「以心傳心」，請忘掉語言的隔閡，靜心體會吧！

這套體驗活動全程約兩小時，之後以季節性的和菓子與抹茶劃下句點。抹茶和菓子是加價購選項，意者請記得在預約時選擇有附抹茶的打坐方案。結束禪坐後再以觀光客的心情，好整以暇的觀賞寺院內的一草一木，體會處處皆有禪意。

禪坐時打瞌睡可能會被杖打

勝林寺環境清幽，交通也方便，且充滿木質與榻榻米的溫潤氣息，是進行打坐和瑜伽的絕佳場所。有一點要提醒大家，如果你因為禪坐太舒服，身心太放鬆而打起瞌睡，可能會被住持杖打喔！用杖敲打肩膀的用意在於提醒，據說有些日本人其實還滿喜歡被杖打的，理由是有點類似搥背，微微痛但很舒服。

豆知識

塔頭

在日本佛寺中經常會看到塔頭這個名詞，原本是修行弟子為了紀念開山祖師或得道高僧，於是在他們的墓地旁修建小庵、小院，有守護與追隨祖師、師父之意。

info

勝林寺

地址｜京都市東山区本町15-795
電話｜075-561-4311
時間｜10:00～16:00
網址｜shourin-ji.org
I G｜kyoto_shourinji

平安神宮賞夜櫻、聽音樂會

於明治時代(1895年)完工的平安神宮，當初是為了紀念日本「平安遷都」(794年桓武天皇遷都平安京)1,100周年，加上在京都舉行博覽會，由京都市民合力捐款興建而成。平安神宮的庭園「神苑」一年四季風情不同，非常值得購票參觀。尤其是每年櫻花季期間會在此舉行「紅枝垂櫻音樂會」，可說是京都市最美的戶外音樂會場地以及最有氣質的賞夜櫻活動。

知名造庭師打造的國家級風景名勝

位在正殿裡的神苑是日本池泉迴游式庭園的傑作，由明治時代知名的造庭師——第七代小川治兵衛設計打造，共有東、中、西、南四個庭園，總面積約一萬坪。庭園內溪水潺潺，綠意盎然，花草樹木種類豐富到媲美植物園，一年四季風情皆美，其中又以4月初滿開的櫻花與6月盛開的花菖蒲最有人氣。在1975年被指定為國家級風景名勝區。

①

兼具美景與美聲的紅枝垂櫻音樂會

紅枝垂櫻音樂會每年大約在節氣「清明」前後，適逢京都櫻花盛開時舉行，會場設定在平安神宮的東神苑，是一場氣質非凡的視覺與聽覺盛宴。觀眾進入平安神宮後，會先看到夜間點燈的大極殿與蒼龍樓、白虎樓，接著依循指標從白虎樓進入神苑，穿越南神苑，一路欣賞夜幕中燈光照映下一串串從天傾瀉的濃淡粉色枝垂櫻花，那麼優雅美麗，讓人頻頻讚嘆不捨離去。但是音樂會開演在即，為了能在最佳觀賞位置——泰平閣取得一席之地，必須加快腳步往東神苑前進啊！

棲鳳池與泰平閣的鳳凰

東神苑的中心是一座巨大的棲鳳池與尚美館（貴賓館），音樂家們在尚美館上表演，上千名觀眾就自由地站在棲鳳池畔欣賞。尚美館原本是當年京都博覽會期間設置於京都御所的建築，後來移建到平安神宮，於1913年完工。棲鳳池之中有「鶴島」和「龜島」，以此詮釋蓬萊山的仙境傳說。並設有一座樓閣式木橋「橋殿」，正式名稱是泰平閣，屋頂上有一隻青銅鳳凰。由於有屋頂，不必擔心天雨，加上視野角度佳，因此成為紅枝垂櫻音樂會最搶手的位置。

豆知識——日本現代庭園的先驅

小川治兵衛是日本備受推崇的園藝世家，通稱為「植治」。第七代小川治兵衛的孩子就是第八代治兵衛，依此類推，目前傳承到第十一代。第七代小川治兵衛是活躍於明治到大正時期的知名園藝師，位在南禪寺附近的無鄰庵以及與八坂神社相鄰的圓山公園等等，都出自他的設計。

1.神苑占地廣闊，此為東神苑的棲鳳池，池中有龜島、鶴島／2.佇立在八重枝垂櫻花旁聆賞音樂家的現場演出好浪漫

info

平安神宮神苑

地址｜京都市左京区岡崎西天王町97

電話｜075-761-0221

時間｜08:30～17:30（請注意，神苑與神宮開放時間不同，詳情請上官網查詢）

網址｜www.heianjingu.or.jp

I G｜heianjingu_official

1.東神苑的泰平閣（橋殿）／2.中神苑的臥龍橋／
3.參拜梨木神社後，喝杯冷萃咖啡休息一下再上路

令人難忘的櫻花季音樂盛會

連續5個晚上，由5位或5組不同類型的音樂家在此演出，音樂種類包括木管樂器像是笙、篳篥、尺八，以及鋼琴、吉他、大提琴、小提琴等等。我從2016年起年年參加紅枝垂櫻音樂會，過去曾因疫情中止，到了2023年終於恢復舉行，預售票以驚人的速度銷售一空。活動現場也提供售票服務。

第一晚由日本知名雅樂演奏家與作曲家東儀秀樹和他的兒子東儀親典聯合演出，第二晚到第五晚則是曾於國際音樂大賽中獲獎的新銳鋼琴家與小提琴家。東儀家族是從奈良時代起代代相傳超過1300年的雅樂世襲世家，東儀秀樹不只精通古典樂，同時也有爵士和搖滾魂。那一夜，東儀父子檔以篳篥、笙和電子吉他合奏的方式，帶來一場與眾不同的演出。櫻花季造訪京都，推薦到平安神宮賞夜櫻並聆賞音樂會，旅行樂趣倍增。

豆知識

日本的宮廷音樂

雅樂是從古代中國傳入日本，融合了唐樂、儀式音樂以及日本當地文化和信仰，形成獨特的日本雅樂。平安時期的雅樂師是屬於宮中御用樂師，後來慢慢變成古代日本貴族間的一種教養與娛樂。其中東儀家族即是從奈良時代起代代相傳超過 1300 年的雅樂世襲世家。

在梨木神社品一杯迷人的咖啡

梨木神社位在京都御所東側，創立於明治18年，祭祀的是江戶時代精通文學的尊皇派大臣三條萬實與三條實美父子。境內有一口京都三大名水中唯一源源不絕、可飲用的井水——染井水。關於染井的名稱由來有好幾種說法，其中一說是此地為平安時代宮中御用的染房專用的井，因此名為染井。一口流傳千年的名水，水質之好，誰不想喝喝看呢？只見一年到頭無論早上或下午，附近住民、茶道與餐飲相關業者帶著空瓶罐來裝水。在2022年晚夏時節，境內開設了咖啡吧「Coffee Base Nashinoki」，「使用染井水沖泡咖啡」立刻蔚為話題，吸引各地的咖啡迷前來朝聖。

梨木咖啡吧的由來

「Coffee Base Nashinoki」並不是京都第一家在神社境內開設的咖啡店，但它原本就是京阪神奈地區咖啡迷喜愛的咖啡店「Coffee Base」系列店的新店鋪，加上使用京都三大名水中唯一沒有乾枯的清澈湧水「染井水」，因此在開幕前就深受矚目。

咖啡吧開張的幕後契機則來自於神職人員的貼心設想，他想要提供一個場所給平日到神社參拜的民眾能夠稍事休憩，加上利用從前皇宮的「舊春興殿」一部分建築物改建重生的茶室「虛中庵」也到了需要重新整修的地步，於是神社負責人就與「Coffee Base」系列店的老闆會面商量，「Coffee Base Nashinoki」因而誕生。我個人將之中譯為「梨木咖啡吧」。

主打專業的自家烘焙豆咖啡

梨木咖啡吧不是咖啡店而是較偏向咖啡吧的形式，主要提供外帶式服務，黑白色調的室內裝潢相當簡約。主打自家烘焙豆，每天由1號店「Coffee Base Kanondo」新鮮烘製，品項豐富，分成單品、綜合咖啡以及義式咖啡，也有茶飲。同時提供各式豆子的特色風味與產地說明。

櫃檯點餐處旁設有幾張立桌，但我更喜歡坐在店門外的緣廊或庭園內的長椅上。不想吹風曬太陽的朋友就請進入茶室「虛中庵」，享受盤坐在榻榻米上喝杯咖啡的滋味吧。

咖啡好喝的祕訣之一在於好水

咖啡好喝與迷人香氣的關鍵，除了咖啡豆原本所屬產區的風味與烘焙、沖泡方法，水質也是相當重要的部分。京都的井水屬於軟水，沖煮出來的咖啡香氣豐足，口感較為圓潤柔和。平時喜歡黑咖啡的朋友請務必試試綜合咖啡，搭配他們與京都和菓子老店「金谷正廣」合作的栗子豆沙饅頭。天氣炎熱時不妨來杯冷萃咖啡（Cold Brew，日文是水出しコーヒー），香氣迷人，口感乾淨清晰且輕盈滑順，回甘明顯。

NOTICE

到神社取水要飲水思源

住在京都這些年我偶爾也會到神社取水回家煮湯或泡茶，提醒大家飲水要思源，取水的同時請順手投放日圓硬幣到井水水龍頭旁附設的賽錢箱，類似捐贈香油錢的概念，50或100日圓都好。也請記得先將瓶子、杯子清洗乾淨，而不是帶到神社後再用染井的井水來洗滌。

1.新咖啡名所：Coffee Base Nashinoki／2.在這樣的環境中啜飲咖啡實在很愜意／3.門上的「舊春興殿」木牌說明了這裡是舊建築重生／4.坐在緣廊上慢慢品嘗熱咖啡和栗子豆沙饅頭很舒服

info

COFFEE BASE NASHINOKI

地址｜京都市上京区染殿町 680
電話｜ 075-600-9393
時間｜ 10:00 ～ 17:00
網址｜ www.kanondo.coffee
I G｜ coffeebase.nashinoki

|玩|法|02

到古京都住一晚

以下這三間是未演先轟動，
在疫情中開幕的特色飯店，也是定居京都多年的我特別想推薦給大家的。

丸福樓
任天堂舊總部轉身為復古時尚旅館

由餐旅業界的改造翹楚Plan Do See公司企劃，邀請建築大師安藤忠雄設計監修，將任天堂的舊總部大樓改建成典雅懷舊的設計旅館「丸福樓」，於2022年春天完工。坐落在鴨川與高瀨川之間的安靜住宅區，京都車站和繁華的花街都在步行範圍內。

入住丸福樓感受任天堂的過往風華

在全世界擁有廣大粉絲的任天堂電子遊戲公司，於1889年在京都創立，前身是以生產花札紙牌(Carta，也譯為歌留多)為主的株式會社「丸福」，從1947年到1959年，這裡是本社辦公室同時也是創始者山內房治郎一家的住所。後來任天堂總部轉移到鳥羽一帶，舊總部大樓就呈現半閒置狀態。

時光荏苒，一甲子之後，建築大師安藤忠雄賦予了這棟老建築新生命，打造出新舊和諧融合，既復古又時尚的設計旅館「丸福樓」。飯店沿用當時的公司名稱，具有歷史傳承的意義在。整體是由舊大樓與安藤忠雄操刀的新棟大樓組成，擁有18間客房，每間房內的設計、布置和空間大小都不同，其中7間是附有露臺的豪華套房。

1.任天堂舊總部大樓變身為丸福樓飯店(圖片提供：丸福樓)／2.也有傳統和室套房(圖片提供：丸福樓)／3.飯店正門口的門牌訴說著過往花札紙牌的歷史(圖片提供：丸福樓)／4.「Library dNa」展示丸福時代的紙牌和第一代任天堂遊戲機(圖片提供：丸福樓)

兼具典雅懷舊與現代簡約

舊大樓保留了原本創辦人山內家族居住時的裝潢像是壁爐、燈飾、和室等等，處處瀰漫著典雅沉穩的韻味。而新棟則是有著安藤大師的作品一貫的寧靜、簡約與採光柔和的特色，搭配原木色家具，時尚又舒適。無論喜歡哪種風格，入住期間都能體驗任天堂與建築大師的魅力。想體驗懷舊氣氛的人記得訂房時要選擇舊大樓的房間。

值得注意的是，飯店設有一處結合展示與交誼活動的空間，稱為「Library dNa」，裡面展示了任天堂最初起家的紙牌遊戲和第一代任天堂遊戲機等等，房客在此可了解山內家族與任天堂的歷史和理念。同時也以「客房外的第二生活空間」為概念設立了Lounge，隨時提供輕食與宵夜，也有健身房與SPA等現代化設施。除了舒適度的表現可圈可點，飯店提供的料理則是由喜愛自然田園，深諳料理與旅行密不可分的料理研究家細川亞衣設計菜單，使用當季食材製成西式、日式餐點。目前2人入住每晚每房最低金額為10萬日圓，費用含早晚餐、飲料、輕食與稅金。

info

丸福樓

地址｜京都市下京区正面通加茂川西入鍵屋町342番地
電話｜075-353-3355
時間｜24小時
網址｜marufukuro.com
IG｜kyoto.marufukuro

星野集團 OMO5 京都祇園——感受在地生活感

星野集團的 OMO 系列以「城市 X 平價 X 在地文化」為概念，數字 3、5、7 代表的是飯店的定位。2021 年秋季開幕的「OMO5 京都祇園」，坐落在代表京都傳統文化的花街上，過個馬路就到知名的八坂神社，地理位置極佳。

OMO5 祇園的概念是「祇園日常」，提供能深入感受街坊魅力的服務以及充滿玩心和設計巧思的體驗活動，希望旅客能夠「當一天京都人」。步行範圍內有花見小路、鴨川、四條河原町商圈以及多所寺院神社。觀光、逛街、用餐或是隨興散步都輕而易舉，真的就像住在京都。

融合和式榻榻米與現代感設計

OMO5 京都祇園全館有 36 間客房、7 種房型，其中「茶之間」最寬敞，可容納 6 人，非常適合全家同遊或是三五好友結伴入住。採用日本傳統圖案與榻榻米，融合現代設計，營造出一個可放鬆身心的摩登和風空間。客廳、臥房、小型廚房、浴室等設施俱全，入住期間可到附近的百貨超

1

市採買食材回房下廚，體驗下榻一般飯店時無法得到的「在地生活感」；也可以請飯店幫忙向知名餐廳代訂晚餐，由專人外送到「家」。

免費周邊嚮導帶你漫步在祇園

OMO的一大特色就是有專屬ranger，他們親切又專業，也能以中文或英語對應。有點像是高級飯店才有的萬事通(禮賓司人員)，為客人解決問題的同時也提供嚮導服務。除了介紹祇園一帶的歷史與私房景點，還能視客人的需求與喜好推薦附近的餐廳、伴手禮與甜點。

我曾在疫情期間利用「地域限定優惠」入住其中，並在第二天清晨6點參加「漫遊祇園街道」活動(必須在前一天預約)。

在飯店嚮導的帶領下，我們走上了安靜的花見小路、安井金比羅宮、寧寧之道，最後到八坂神社參拜祈福。一大早的祇園少了摩肩擦踵的觀光客，在專人的帶

1.公共空間有一整面的手繪地圖牆壁，方便住客規畫行程／2.OMO京都祇園位在祇園商店街上，門口掛著暖簾／3.座敷雙人房寬敞舒適，現代和風的設計很雅致／4.循著一盞盞燈籠前往櫃檯辦理入住點

info

星野集團 OMO5 京都祇園

地址｜京都市東山区四条通大和大路東入祇園町北側 288
電話｜050-3134-8095
時間｜24 小時
網址｜www.hoshinoresorts.com/resortsandhotels/omobeb/omo/5kyotogion.html
I G｜hoshinoresorts.official

1.周邊嚮導帶我們漫步祇園，這是以斬斷惡緣聞名的安井金比羅宮／2.座敷雙人房的簡易版小廚房／3.自己動手做麵包的入住體驗非常特別／4.在客房內用製麵包機DIY隔天的早餐麵包／5.OMO5的早餐抹醬品項豐富

領下可以更深入體驗當地風情，還會發現一般旅遊書可能不會提及的細節。散步之後的重頭戲就是回房間吃早餐。

在飯店體驗動手做麵包

在房間內吃早餐並不是 room service，而是自己動手做麵包。這又是 OMO 令人怦然心動的亮點之一！房內備有烘焙體驗組合，包含製麵包機與各種材料，就寢前依照教學圖示放入製麵包機中，設定好時間它會自動烘烤，隔天醒來就能享用香噴噴熱騰騰的麵包。有紅豆、抹茶、法式豬肉醬、雞蛋、豆腐等共6種抹醬以及濾掛式咖啡，想要豐盛一點的人也可以到飯店一樓的自動販賣機購入湯品回房微波加熱，一場非日常的美好早餐時光就此展開。必須在訂房時選擇含早餐的住宿方案，非常推薦大家試試看。

⑤

豆知識

星野集團的數字揭密

星野集團旗下的OMO系列，後面都有數字編號，1、3、5、7代表的是該飯店提供的服務和設施，從極簡的膠囊型旅館到全方位服務的精品旅館都有，價位當然也不同。然而共通點就是全部都附「在地嚮導服務」。

・OMO1適合輕裝小旅行的膠囊型旅館，完全不供應餐點飲料
・OMO3可輕鬆享受旅行樂趣的基本型旅店，供應外帶式輕食與飲料，OMO3京都東寺即是一例
・OMO5能感受城市魅力與設計的精品旅店，附設咖啡廳並提供早餐
・OMO7提供全方位服務的潮流旅店，設有咖啡廳、餐廳與自助式早餐

地域限定優惠

「地域限定優惠」是日本觀光旅遊業因應疫情影響推出的振興方案之一，OMO5京都祇園當時的優惠方案的適用對象是住在京都府、大阪府、奈良縣等關西地區的民眾，包含像我這樣已經移居京都的外國人。海外觀光客並不適用。

目前最新(2023年11月截稿時)的特惠方案是日本國內航線「機十酒」，不限本國人或外國遊客，其他優惠請以官網公告為主。

空庭露臺京都——在市中心內享受天然溫泉

到日本旅行時喜歡享受自然溫泉的朋友有福了！不需要再專程到深山或偏遠郊區，京都市中心河原町商圈就有！「空庭露臺京都四條河原町溫泉」顧名思義，就是位在河原町通，設有露天溫泉、屋頂足湯的溫泉旅宿，地理位置無敵便利。而且基本房型每晚16,200日圓起，不用噴錢就能享受飯店自家的天然湧泉以及細膩服務。

俯瞰山景之美的空中大浴池

2022年開幕的「空庭露臺京都四條河原町溫泉」，就位在阪急電鐵河原町車站旁，交通方便沒話說，想要滿足購物慾或是到祇園一帶的超人氣餐廳打牙祭，也都在步行範圍內。更棒的是能以相對親民的價位享受其他市區飯店無法提

1.夜幕低垂時屋頂露臺燃起篝火更添風情（圖片提供：空庭露臺京都）／2.半開放式的露天浴池（圖片提供：空庭露臺京都）／3.到飯店屋頂露臺飽覽鴨川與群山環繞的京都街景（圖片提供：空庭露臺京都）

供的自然溫泉與鴨川風光。

從地底下1,100公尺深處挖掘天然湧泉，房客可免費使用位在飯店九樓，可瞭望京都東山區街景與山景的空中大浴池。值得一提的是設有以站姿入浴，池深達1.2公尺的深浴，藉由水壓達到按摩與美肌的效果，徹底紓緩旅途的疲憊。泡湯後可到自助式吧檯區喝飲料補充水分，也有冰棒、冰淇淋泡芙等甜點。

一邊泡足湯一邊賞鴨川美景，好愜意

屋頂是舒適寬闊的露臺，可一邊泡足湯一邊欣賞鴨川風光與觀光名勝清水寺、八坂之塔以及行家級的銅閣寺等等。黃昏時分這裡會點燃篝火，房客可在此享受星空、晚風與飲料。此外，除了可在客房內吃早餐，也能選擇到屋頂露臺。這裡的早餐是名為「古都的玉手箱」的兩段式精緻懷石便當，使用京丹波產的越光米、當季食材製成，品項豐富。建議在訂房時選擇含早餐的住宿方案。

雅致的鴨川水流與花鳥風月設計元素

這裡有3種房型包括標準雙人房、豪華雙人房以及拉門加寬、室內沒有高低差的無障礙雙床房，共計102間。無論是哪一種房型，裝潢與布置都是以鴨川的水流以及傳統和風「花鳥風月」的元素構成，相當舒適雅致。

體驗高規格的別邸鴨川溫泉旅宿

「四條河原町溫泉」飯店其實在同一棟建築內設立了「空庭露臺京都」與「別邸鴨川」二家飯店，「別邸鴨川」是規格更高級的溫泉旅宿，在32間客房內都設有獨自的露天溫泉，對於喜歡享受溫泉同時又注重隱私的旅客來說是極佳選擇。而且身懷「生間流庖丁」技術的飯店總料理長上西康文，只為入住別邸的客人烹調早餐與晚餐，非住客是無法進入飯店一樓的「京割烹東山」用餐的。

4.精緻美味的懷石便當早餐（圖片提供：空庭露臺京都）／5.提供各式飲品和冰棒，住客泡完溫泉後可自由享用／6.豪華雙人房（圖片提供：空庭露臺京都）

info

空庭露臺京都 四條河原町溫泉（Sora Niwa Terrace Kyoto）

地址｜京都市下京区河原町通四条下る2丁目稲荷町324番地
電話｜075-352-4000
時間｜24小時
網址｜soraniwa-hotel.jp
I G｜Kyoto.soraniwa

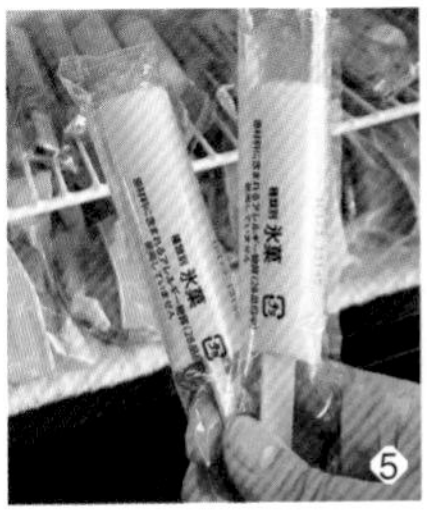

玩法03

散步、健行的經典路線

以散步的速度遊覽京都，會有更豐富的感受。
市區內有幾條沿途景色綺麗的步行道，
以及輕鬆不費力的健行步道，在此與大家分享。

漫步在春櫻夏綠都美的哲學之道

哲學之道是位在京都東山山麓下，一條沿著琵琶湖疏水道的步行道。長度約兩公里，起點是熊野若王子神社，終點是世界遺產銀閣寺。路名由來是日本哲學家、前京都大學教授西田幾多郎經常在這一帶散步、思索而得名。後來其他京大教授、學生也常到此散步，所以步道兩旁具有歐風特色的咖啡店也因應而生。

走入櫻花隧道的浪漫小徑

每年春天，哲學之道沿岸的櫻花樹盛開，讓人彷彿置身在櫻花隧道。花期尾聲片片櫻花瓣飄散落入水道，像

是流動的粉紅地毯般，又是另一番美景，日文稱為花筏。值得一提的是，這些櫻花樹是知名畫家橋本關雪的夫人所種植的，所以也稱為關雪櫻。

初夏時節這裡能看到隱隱約約閃閃發光的螢火蟲，盛夏時節蟬鳴不絕於耳，秋天可賞秀麗脫俗的楓紅，冬季則有白色雪柳花。因而獲選為「日本最佳百條小徑」之一。

隨處有可停留小憩的特色咖啡店

一年四季風情別具的哲學之道，除了是京都市區內健行散步的好去處，沿路上還有多所值得參訪的寺院神社。走累了也別擔心，步道兩旁多的是特色咖啡店、景觀餐廳可讓你休憩飲食，包括人氣很旺的 Green Terrace 以及白色洋風木造咖啡館再願。這次特別向大家推薦位在哲學之道起點附近的 BREIZH Café Kyoto。

BREIZH Café Kyoto 是來自法國的法式可麗餅與布列塔尼可麗餅(galett，鹹味可麗餅)專門店，在東京與京都都設有分店。京都分店由古民家改建而成，木質調的內裝簡潔溫潤且採光佳，坐在任一角落都舒適。使用蕎麥粉製成的餅皮既酥脆又彈牙柔軟，搭配咖啡或法國布列塔尼進口的氣泡酒皆宜。

可順遊永觀堂及法然院

關於哲學之道的起點與終點，一般都以知名度高的南禪寺和銀閣寺來標示，但其實真正的起點是熊野若王子神社，也是日本三大古道「熊野古道」的起點。建議大家可順遊像是以楓紅絕景聞名的永觀堂以及靜謐的法然院。前者名聲響亮，後者隱身在哲學之道後方的半山坡上，被青苔覆蓋的茅草屋頂山門古樸風雅，攝影愛好者請勿錯過。

1. 櫻花盛開時漫步哲學之道是一生難忘的體驗／2.使用蕎麥粉製成的布列塔尼可麗餅與氣泡酒很適配／3.哲學之道沿途的知名寺院神社為數不少／4.法然院的特徵是青苔覆蓋的茅草屋頂以及白砂壇

info

BREIZH Café Kyoto

地址｜京都市左京区若王子町 24-3

電話｜075-751-1010

時間｜週一～三、日 09:30～19:00，週四～六以及國定假日 09:30～22:00

網址｜le-bretagne.com/creperie/kyoto

IG｜breizhcafe

京都周遊步道，徜徉登山之旅

京都周遊步道(Kyoto Trail)是一條環繞京都市周邊的健行路線，總長度約83.3公里，總共有5條路線——東山、東部北山、西部北山、西山和京北路線，全部都是以電車站或公車站為起點，不須報名可自由選擇喜歡的路線。

特別推薦東山路線的中間路段，起點是清水寺附近的清閒寺，終點是南禪寺附近的蹴上傾斜鐵道(インクライン incline)，步道道標從16-1到32，需時約2小時。這條步道的地形相對平坦，不太費力就能攻頂，且交通連接很方便，特別適合沒有登山經驗的朋友。沿途會經過知名觀光景點清水寺，以及內行旅人才知道的隱藏版絕景——將軍塚青龍殿大舞台。

登上清水山，眺望京都市街景

世界文化遺產清水寺的所在位置就是清水山，標高僅242公尺，走在這段路上可以從樹林中窺探京都市街景與地標京都塔，途中還有一條岔路通往清水寺

❶

的子安的塔，從子安的塔就能遠望清水寺本堂也就是知名的清水舞台。接著繼續上山，抵達視野遼闊的東山山頂公園，這裡設有涼亭、桌椅以及公共廁所，供登山旅人小憩片刻。

建議付費進入將軍塚青龍殿參觀兩大重點，一是青龍殿內的青不動明王畫像，屬於日本國寶文物。二是到大舞台上眺望京都市街景，環視京都群山，山上的「左大文字」、「妙法」、「船形」在此以肉眼即可見。

抵達步道終點南禪寺水路閣

接著來到南禪寺庭園旁的水路閣，這是一座類似羅馬水道橋的引水渠道，也是琵琶湖疏水的支線。琵琶湖疏水是明治時代興建的一條人工運河，目的是把滋賀縣琵琶湖的水引進京都。而蹴上傾斜鐵道就是連結這條運河上下游碼頭的鐵道，全長582公尺，高低差達36公尺，是建造當時世界上最長的傾斜鐵道。

採用與纜車相同的原理，讓船隻可藉由傾斜鐵道順利通過斜坡地區。雖然這個使命已經結束，然至今仍保有當時的鐵道樣貌，旅人可自由在此漫步，春天到訪還能欣賞到兩側盛開的櫻花美景。

到此就完成京都周遊步道東山路線其中最輕鬆的一段，大約4.6公里，接下來就搭乘京都市營地下鐵或京阪電車轉往其他地方繼續觀光。

NOTICE

登山健行注意事項

1 請與其他登山客保持距離
2 請自行將垃圾攜帶下山
3 途中記得喝水以防中暑或脫水
4 如有慢性病或身體不適（比如疲勞、體溫偏高或咳嗽等等），請勿登山

1.將軍塚青龍殿大舞台是京都隱藏版景點／2.蹴上傾斜鐵道兩側的櫻花盛開時相當美麗壯觀／3.京都周遊步道東山路線登山口／4.南禪寺水路閣在夏綠秋楓時期皆美

info

青蓮院門跡將軍塚青龍殿

地址｜京都市山科区厨子奥花鳥町 28
電話｜075-771-0390
時間｜09:00～17:00
網址｜www.shogunzuka.com

|玩|法|04

騎著自行車探訪在地之美

騎乘自行車是探索京都的最佳方式之一，
而且自行車向來有「京都人的雙腳」之稱，
在此推薦兩條單車遊京都的輕鬆路線及沿途景點。

嵐山「奧嵯峨」路線，探索絕美京都

嵐山是京都的觀光勝地，一年四季吸引全球旅人到訪，然而觀光化導向造成的喧囂擁擠也嚴重影響旅遊品質。如果你已經是第二次以上來京都，我的建議是租輛腳踏車往奧嵯峨去，更自在的感受嵐山的自然風光之美。

環抱著楓紅與青苔交錯的絕美景色

一出嵐電嵐山站就能租到腳踏車，一天大約1,100日圓，並附贈嵐山站的足湯券，回程歸還腳踏車時泡個足湯消除疲勞。由於此區有一些坡道路段，選擇電動式或三段變

1.騎自行車深入嵐山飽覽美景／2.祇王寺是青苔與楓葉的行家級景點／3.嵐山嵯峨野自行車小旅行途經落柿庵與一片田園／4.單車小旅行結束後到嵐山溫泉泡個足湯消除疲勞

速腳踏車會輕鬆許多。

嵯峨野往鳥居本這條路徑也是「京都周遊步道」的西山路線，沿途會經過幾處寺院，包括大覺寺、常寂光寺、落柿庵、祇王寺、二尊院與愛宕念佛寺等等，共通特色是相對幽靜，即使是觀光旺季也不至於過度擁擠，且是賞楓的好去處。請自行決定是否要付費入內參訪。

「落柿庵」是日本知名歌人松尾芭蕉的弟子向井去來建蓋的草庵，面積不大，草庵前方有一大片樸實的田園風景，天地開闊，遠離了城市與俗世喧擾。「祇王寺」其實是行家級的賞楓名所，以茂密的青苔庭園聞名，創建由來與《平家物語》一則悲戀故事有關。境內綠樹成蔭，春夏時綠意盎然，秋季則由色彩絢爛的楓葉與青苔綠意交織出一幕幕令人傾倒的絕美景色。

info

らんぶらレンタサイクル
Ranbura Rental Cycle

地址｜京都市右京区嵯峨天龍寺造路町 20-2（嵐電嵐山站出口處）
電話｜075-882-2515
時間｜10:00～17:00（出租服務到 15:00 截止）
公休｜日本新年假期
網址｜www.kyotoarashiyama.jp/
備註｜租腳踏車附贈嵐電嵐山足湯券

祇王寺

地址｜京都市右京区嵯峨鳥居本小坂町 32
電話｜075-861-3574
時間｜09:00～16:30
網址｜www.giouji.or.jp

平野屋

地址｜京都市右京区嵯峨鳥居本仙翁町 16
電話｜075-861-0359
時間｜11:30～21:00
網址｜ayuchaya-hiranoya.com

1.在平野屋喝抹茶佐和菓子休憩一下很舒服／2.平野屋有著400年的歷史／3.說走就走的腳踏車賞櫻之行別有樂趣／4.Hello Cycling共享自行車據點多，借車還車都很方便／5.腳踏車連鎖店ASAHI門外可自行借取共享自行車

慢慢享受懷石料理及美味的和菓子

沿著步道繼續踩著腳踏車上山，會經過「嵯峨鳥居本傳統建築物保存地區」。一棟棟從江戶時代晚期到明治時代建造的町家風瓦屋古民家以及茅草屋農家就在道路兩側，經過國家認定具有歷史意義與文化遺產保存價值。

遠遠就能看到巨大的紅色鳥居，也就是這趟自行車奧嵯峨半日遊的終點——愛宕神社的第一鳥居。鳥居前的平野屋是一家歷史約四百年之久的日本料亭，自江戶時代起就是愛宕神社的信眾們上山參拜與下山途中必經的休憩之處，目前傳到第十四代。

以懷石料理的規格提供，招牌料理是香魚(鮎魚)。美味沒話說，服務水準也一流，價位自然也就高，午餐6,000日圓起。如果預算有限也不用擔心，就到此享用抹茶與點心吧！我最喜歡坐在門口鋪著紅氈毯的座位上，徐徐品嘗美味的和菓子(比如春季限定的櫻餅)與抹茶，或來一份甘酒，讓嵯峨的風輕拂臉龐，忘卻煩憂。

悠閒騎著自行車 遊鴨川沿岸

鴨川河岸是京都市民日常散步、跑步、野餐、露營、跳舞、練琴、看書的好去處，也是在地人騎著腳踏車來回穿梭的便道。到京都旅行，租輛腳踏車沿著鴨川晃晃悠悠，漫無目的也好，或來個洛北小旅行也很棒，會更有一種融入當地生活節奏的感覺。以下是 Mandy 實際到植物園附近的連鎖腳踏車行 ASAHI，利用可甲地借車乙地還車而且據點多的共享自行車「Hello Cycling」，以一台三段變速電動腳踏車，用適合自己的速度，輕鬆愉快的迎著風，沿著鴨川踩踏、觀光。

NOTICE

騎自行車注意事項

1 原則上要騎在車道，並保持靠道路的左側
2 如果騎在人行道上要注意禮讓行人
3 喝酒、雙載、並騎、戴耳機、撐傘等都是禁止的行為
4 市中心部分地區比如河原町通、四條通、寺町通一帶的商店街，設有禁止騎腳踏車的時間帶（不過可以下車用牽的）

自行車預約 APP

利用手機上的 app store 免費下載 Hello Cycling，完成註冊並選擇付費方式例如信用卡或 PayPay 後就能使用。計費方式以電動式腳踏車來說的話，最初的半小時內為 130 日圓，之後每 15 分鐘為 100 日圓。
app 也可選擇語言，包括繁體中文與英文介面都有，操作很簡單。而且可以先預約並且選擇甲地借乙地還，非常適合想要以自行車走踏京都市區的人。

日本歷史最悠久的植物園

京都府立植物園於大正時代(1924年)開園，是日本歷史最悠久的公立植物園，境內的溫室也是日本最大規模，並開放讓大家進入觀覽。園內有高達1萬2000種花卉植物，春夏秋冬輪番綻放美麗，光是櫻花就有一百多種。秋楓也是美不勝收，而且最棒的是不會湧入過多的觀光客，在這裡賞櫻賞楓都可以保有旅遊品質。

「陶板名畫之庭」就位在植物園旁，是日本第一座也是世界第一座可以在室外欣賞名畫的陶板庭園。由國際知名建築師安藤忠雄設計，用清水模打造，利用坡道、階梯與流水造景，一邊散步一邊欣賞世界級名畫，包括莫內的《睡蓮》、達文西的《最後的晚餐》、米開朗基羅《最後的審判》以及《清明上河圖》等等，同時能充分感受到安藤忠雄建築特有的光影與氛圍。記得把腳踏車

停放在植物園腳踏車停放處。

走訪世界遺產上賀茂神社

逛完植物園後沿著鴨川繼續往北騎行約7分鐘就可到達世界遺產上賀茂神社。正式名稱是賀茂別雷神社。境內非常遼闊，有兩棟建築列為日本國寶、重要文化財更達41棟。而且有廣大的草坪與清澈的小河，是散步、野餐、戲水的好地方，很受在地人喜愛。幸運的話，還能看到神馬。

4

1.在植物園旁的陶板名畫之庭非常值得一遊／2.京都府立植物園內有日本最大規模的觀覽溫室／3.秋天可到植物園欣賞夜楓且不必擔心人擠人／4.只有在特殊日子才會出現的白馬「神馬」，目前是第七代／5.上賀茂神社細殿前，代表陰與陽的一對立砂／6.上賀茂神社的第一鳥居

5

6

info

京都府立植物園

地址｜京都市左京区下鴨半木町
電話｜075-701-0141
時間｜09:00～17:00
公休｜12/28～1/4
網址｜www.pref.kyoto.jp/plant

陶板名畫之庭

地址｜京都市左京区下鴨半木町（府立植物園北山門出口旁）
電話｜075-724-2188
時間｜09:00～17:00
公休｜12/28～1/4
網址｜kyoto-toban-hp.or.jp
I G｜toban_meiga

上賀茂神社

地址｜京都市北区上賀茂本山339番地
電話｜075-781-0011
時間｜05:30～17:00
網址｜www.kamigamojinja.jp
I G｜kamigamojinja.official

|玩|法|05

享受戶外野餐的愜意時光

你憧憬在鴨川畔野餐嗎？
以下推薦兩個可以租借時尚野餐道具並外帶美味餐點的好去處，讓你到京都旅行時也能輕鬆享受野餐之樂。

你可曾憧憬過，有一天來到京都，坐在鴨川河堤上，來一場咖啡野餐的夢幻時光？疫情下，日本各地的戶外活動變得更加炙手可熱，不只露營場地一位難求，就近即可展開的戶外野餐，疫情後依然熱潮不減。

除了外帶咖啡，美味的餐點，好看的野餐墊、竹籃、餐具更是不可少。最棒的是完全不麻煩，相關業者把這些都準備好了，方便旅人兩手空空就可展開野餐。這裡要告訴大家京都市區內2個可以租借時尚野餐道具並外帶美味餐點的好去處。

1.ENFUSE便當套組附飲料與小餅乾等，菜色精緻豐富又美味／2.也可以在京瓷美術館的日式庭園內找個舒心角落野餐／3.在美術館外的琵琶湖疏水畔綠地上野餐／4.ENFUSE戶外野餐套組，道具一應俱全

❷

info

京瓷美術館 ENFUSE

地址｜京都市左京区岡崎円勝寺町124（京セラ美術館內）
電話｜075-751-1010
時間｜週二〜日 10:30〜19:00
公休｜週一
網址｜enfuse.jp
I G｜enfuse_kyoto

3

在美術館的庭園浪漫野餐

色香味俱全的日式便當

經過三年大規模改建的京瓷美術館，前身是日本現存最古老的公立美術館——京都市立美術館，館內附設的咖啡廳ENFUSE裝潢簡潔洗練，在此可品嘗健康美味的輕食、甜點，還有讓人一眼就愛上的野餐組合。目前有便當、三明治兩種選擇，便當菜色與野餐道具都經過精心設計，除了野餐籃、野餐墊，也可把觀光、藝術相關的書刊雜誌當成野餐道具，輕鬆拍出氣質美照。

先來看看這款便當！不是一般常見的外帶用紙餐盒而是日本家庭主婦都在用的木製圓弧便當盒，質感手感皆出色。而且這種天然杉曲木便當盒的優點之一，是能保持飯菜的適度水分，即使放涼了也不減風味。之二是吃完後歸還給店家清理，相當環保。

再來是這個精巧的手編竹籃，是ENFUSE與創業超過三百年的老店「竹又中川竹材店」合作的。除了餐具、道具吸引人，更重要的是菜餚的美味程度令人相當滿意。使用京都產的米、蔬菜與豆腐等食材做成，菜色會隨季節變換，通常有10種配菜，色香味俱全。同時附上當店

1.京瓷美術館與平安神宮大鳥居／2.京瓷美術館的頂樓露台也是野餐的好地方

特製小點心以及咖啡或紅茶、玄米茶等飲品任選。也能加價選擇酒精飲料，完全是套餐規格(full course)，非常專業。

一邊遠眺群峰美景一邊野餐

你可以拎著這套野餐籃走上京瓷美術館的頂樓露臺(屋上庭園)，享用餐點的同時還可遠眺東山群峰與俯瞰美術館庭園美景。或選擇在美術館內這座由日本知名作庭家七代目小川治兵衛精心設計的庭園，或是琵琶湖疏水道畔的綠地內，來場輕鬆愜意的野宴。不必擔心野餐後收拾餐具或垃圾等問題，用餐後歸還給店家即可毫無負擔的前往下個景點玩。

便當套組的基本價格是2,500日圓，三明治套組則為2,300日圓，使用時間是兩小時。提醒大家，必須在預定野餐日的前三天的晚間7點前完成線上預約。而且當天取餐時要先付1,000日圓押金，等你在指定時間內歸還野餐籃等物品時會退還。

豆知識

京都市美術館改名由來

位在京都岡崎公園腹地內，平安神宮大鳥居旁的京都市美術館，最初是為了紀念昭和天皇即位大典而建，二次世紀大戰後成為收藏日本近代藝術作品的公立美術館。建築外觀融合了西洋的磚牆與日本的飛簷屋頂(帝冠)，顯得古典優雅又氣勢不凡。在2017年一度關閉進行大規模整建，並引入冠名模式，由京都在地大型企業京瓷贊助一部分整修費而取得冠名權，改名為京瓷美術館。於2020年完成改建。

在鴨川河畔享受咖啡野餐

隱身在京都植物園附近，鴨川旁的靜謐住宅區小巷內的 WIFE & HUSBAND（以下簡稱 WH），是一家充滿溫暖愛意的咖啡店，由夫婦兩人經營。店門口掛滿了籐籃、草帽、桌椅等，非常吸睛。店內空間不大，一進門，咖啡香氣迎面而來。幽暗的光線搭配木質調的設計，處處擺放著經過時間洗滌的骨董、雜貨與乾燥花，營造出一股沉靜、溫暖又幸福的氣氛，甚至有種置身在日本某個電影場景中的美麗錯覺。除了內用，更多的海內外遊客尤其是年輕女性是為了 WH 提供的戶外咖啡野餐道具租借服務，專程而來。

體驗咖啡野餐記得先上網預約

WH 的野餐組合以人數計算，一人 1,400 日圓，限時 1.5 小時。基本內容包括一壺咖啡（可選擇冰或熱咖啡，冰咖啡要加價 100 日圓）、野餐籃、咖啡杯、小點心、桌巾，可自行視需求加價選擇摺疊桌、小板凳、夏季遮陽用草帽或秋冬防寒毛毯等等。

自 2023 年 8 月起，無論你想內用還是野

在鴨川河堤來場夢幻咖啡野餐一點也不難

餐都需要先上網預約，每月15日起開放下個月的預約。不用擔心語言不通，官網的預約頁面有中英日文等可選擇。先在官網上查看當月分店家在哪幾天營業，接著選擇時段，輸入姓名、連絡電話、信用卡卡號等基本資料，當天準時赴約。

抵達店家後，可在現場選擇咖啡種類以及冷或熱飲，接著等待老闆或老闆娘為你現沖一壺咖啡。僅需短短的5分鐘，屬於你的咖啡野餐籃就準備好了。記得要在規定時間內歸還野餐道具。

在鴨川野餐的難忘回憶

而且從WH走到鴨川河堤只要2分鐘！對於遠道而來的旅人來說真的是太輕鬆方便了！在河岸找個自己喜歡的地方佈置好，一段非日常的咖啡野餐時光就此展開。值得一提的是，野餐籃裡有一張店家準備的明信片和原子筆，鼓勵你把這次在鴨川河畔的野餐心情化為文字紀錄，等回到店家歸還道具時可順便在店內買張郵票寄出。

此外，喜愛手沖咖啡的朋友不妨順手選購WH老闆夫婦以愛女和小兒子為名烘焙而成的特調咖啡豆「Daughter」、「Son」，或是不含咖啡因的「Mother」，讓你的京都鴨川咖啡時光能夠延伸到自家中，成為記憶中一抹不可取代的芳醇印記。

NOTICE

線上預約提醒

線上預約時會看到費用500日圓，只有當你在預訂當天取消時才會產生這個費用，如果是因天候狀況而取消預訂則不會收取。付費方式是到店後支付，現金或刷卡都可。

info

WIFE & HUSBAND

地址｜京都市北区小山下内河原町106-6
電話｜075-201-7324
時間｜10:00～17:00（野餐受理時間到15:00止）
公休｜不定休（附註：老闆夫婦為養育孩子，每月營業時間不定，請自行參照官網）
網址｜www.wifeandhusband.jp/home
IG｜wifeandhusband_kyoichi

1.WH店門口掛滿野餐道具／2.一個人，一段優雅愜意的河畔咖啡時光／3.WH咖啡野餐組以人數計費／4.WH店內一隅，照片中人物即是溫婉親切的老闆娘

延伸閱讀

日本獨有的年度盛事——花見

每年從節氣立春過後開始，日本媒體幾乎每天都會報導最新的櫻花消息。櫻花前線、櫻花商機備受關注。

「花見」是日本人獨有的賞花活動，而且必須是群櫻、群聚與美食這三個要素皆備才能稱為花見。櫻花綻放代表寒冬結束，春天來臨，加上櫻花花期非常短暫，從開花到凋零大約只有10到14天；開花時全體一起綻放，凋落時則以「櫻吹雪」的唯美姿態隨風散去。日本人自古以來就很欣賞櫻花這樣的「武士精神」。加上4月是日本新年度的開始，舉凡國家新政策的實施、新生入學、社會新鮮人就業等等人生重要事情也都在此時展開，因此櫻花盛開，也象徵著新希望。

日本花見的由來

日本人的花見在一千多年前的奈良時代就已經開始了，

1.在櫻花樹下野餐是日本人的年度盛事／2.京都祇園枝垂櫻是日本名櫻／3.花見糰子是賞櫻必備

然而當時人們歌詠欣賞的花是梅花而不是櫻花。到了平安時代，嵯峨天皇曾在宮中設宴賞櫻，櫻花這才一躍成為花見的主角，不過也僅止於宮中貴族們的娛樂活動。

到了鎌倉時代，這樣的風俗習慣流傳到武士階層，但依然與小老百姓無緣。之後在戰國時代，由取得天下的豐臣秀吉策畫了一場空前絕後、史上留名的盛大花見——「醍醐花見」。他為了到醍醐寺賞櫻，動員大量的人力和財力。這是秀吉人生最後一個春天，賞櫻後不到一年就離世，之後再也沒有任何一位將軍像他這樣浮誇豪奢。

一直到江戶時代，賞櫻活動終於流傳到市井小民之間，日漸普及成為日本的國民運動。在櫻花樹下人人平等，不分階級與貧富，每年春天都能賞花行樂。

京都人最愛祇園圓山公園

在京都提到花見，最有人氣的場所莫過於位在祇園八坂神社境內的圓山公園(日文漢字是円山公園)了。公園中心位置有棵獲選為全日本「櫻之名木」的一重白彼岸枝垂櫻，以「祇園的夜櫻」聞名。樹高約12公尺，盛開時成串的櫻花隨著枝椏垂墜，入夜後，月光下，那豔麗高貴又氣勢非凡的姿態懾人心魄，令人一眼難忘。

明治時代，市民聚集在圓山公園內賞櫻可說是京都的一大盛事，只是這棵名櫻在昭和時代(西元1947年)樹齡二百多歲時枯死了。所幸園藝世家「植藤」的第十四代當家之前有先見之明，曾取得祇園名櫻的幼株，移植到自家花圃中進行培育；到了第十五代佐野右衛門就把第二代枝垂櫻重新種回原處，祇園名櫻因而重生。這份功德，讓他被冊封為「櫻守」，而且櫻守一職也繼續代代傳承，目前是第十六代。

除了圓山公園，京都市區內還有三個公園也是賞花野餐的好去處，包括原本是日本皇室御用花園的京都御苑、古代王公貴族嬉遊之地——嵐山以及京都鐵道博物館旁的梅小路公園，都是交通方便、腹地大且境內櫻花種類與數量都可觀，可放鬆享樂的公園。

豆知識

園藝世家植藤

京都園藝世家「植藤」自江戶時代起，代代都擔任皇家御室御所——仁和寺的造園。

京都獨有的洋風魅力

京都人重視傳統且行事作風保守，到處都有歷史悠久的建築、百年老店。這些是京都給人的既定印象，但其實京都人自古以來就很喜歡新事物呢！

日本第一輛路面電車在京都，早餐選擇麵包咖啡而非白飯味噌湯的京都人佔壓倒性的多數。而當你要送京都人甜點時，選擇時下正流行的洋菓子也會比傳統的和菓子來得討喜更多。

千年古都有多洋派?!以下就從咖啡、麵包等飲食文化來深入了解。

1

從一杯咖啡開始的日常時光

京都與抹茶幾乎畫上等號，然而京都人平日最常喝的是咖啡，年均咖啡消費量全日本第一（此為 2016～2018 年的平均值）。

早在一百年前，咖啡館已成為日本人重要的生活空間。日文片假名コーヒー是外來語，語源來自荷蘭文 koffie。時間倒回 17 世紀，荷蘭人從當時日本實施鎖國政策下唯一開放的港口——長崎進口咖啡豆，不過當時的日本人並不習慣這種氣味焦苦、黑漆漆的歐洲飲品。

後來明治維新急速西化後，皇室貴族們開始喝咖啡，明治21年（1888 年）日本第一家喫茶店在東京上野開張，象徵「文明開化」的洋食餐館也跟進供應咖啡。而日本咖啡文化真正的大鳴大放，是在昭和時代。各式各樣的喫茶店、café 如雨後春筍般展開。

京都的咖啡文化精采無比，老字號喫茶店、個性派咖啡店、國際品牌連鎖店各有千秋。無論裝潢或氣氛怎麼迷人，多半還是以該店原創的特調咖啡培養出死忠常客。這又與京都講究原創、堅持品質的「職人精神」大有關係。從咖啡豆的選擇、烘焙機器、研磨的過程，再到水質與溫度的掌控，每個細節都要求完美到近乎苛求的程度。以下為大家介紹代表性的咖啡老店以及疫情後備受關注的新店。

INODA COFFEE（イノダコーヒ本店）
—深受在地人喜愛的早晨咖啡

在日本，有一句話是這麼說的：「京都的早晨，從INODA開始。」以紅色咖啡壺為商標的INODA COFFEE，經過數十年歲月的洗禮，至今依然備受在地人老中青三代的歡迎。懂日文的咖啡迷或許有注意到，店名以コーヒ標示而非コーヒー(咖啡的片假名)，這是日本人對咖啡的舊稱，有一股京都特有的情調。

以販售咖啡豆起家的INODA

INODA是創業者豬田(猪田)七郎先生的姓氏的羅馬拼音，昭和15年(1940年)於現在的本店所在地開始了他的咖啡事業——批發販售咖啡豆。接著在戰後1947年展開咖啡店營運，逐漸發展成現在的規模。1999年曾一度遭逢祝融之災，拆整重建期間在地的老顧客們幾乎天天到現場關心，所幸在短短一年後就完成整建。目前在京都有6間店鋪、東京與橫濱各一間、廣島一間。原本在觀光勝地清水寺附近設有三年坂清水店，則在疫情期間結束營業，現在想起來還是會感到唏噓。

1.到「小川珈琲」堺町錦店感受京都咖啡文化之美／2.原創咖啡杯上的兩頭獅子圖案／3.本店外觀是典型的京町家風格／4.名聞遐邇的INODA早餐「京的朝食」

與老顧客建立的溫暖默契

位在堺町通上的本店最受海內外觀光客青睞，早上7點開始營業，一大早店門口就大排長龍。但或許你也看過，有一些老爺爺們不需要排隊就入座，而且也不必開口點餐，資深店員一看到他們來店會馬上通報廚房，不一會兒就送上這些客人喜愛的咖啡、餐點和報紙。他們就是INODA非常重視的老顧客，其中不少人是從學生時代一路光顧至今，與店家建立的信任與友誼超過50年。

獨特風味的阿拉比亞珍珠

必喝的招牌咖啡「阿拉比亞的珍珠」（アラビアの真珠），以摩卡咖啡為基底，採用歐式深度烘焙的技法，成就一杯自創業以來不變的代表之作，香氣飽滿、酸味明亮、口感濃郁，風味特別。直接飲用黑咖啡很好，加入牛奶和兩顆方糖調味飲用更是別有一番滋味，據說這是京都老一輩常客的標準喝法。店員在你點餐時就會詢問你是否要加糖和牛奶。

各縣市觀光客指定的早餐

INODA的早餐「京的朝食」聲名遠播，日本國內出版的京都旅遊指南書刊一定會介紹，是各縣市觀光客到京都時指定要吃的早餐。來看看這份早餐的內容設計有多麼豐盛吧！選用來自關東茅ヶ崎「火腿工房ジロー」為INODA特製的火腿，搭配奶油香氣馥郁、外酥內軟的可頌麵包、生鮮沙拉，附上鮮榨柳橙汁，可自由選擇搭配當店的特調綜合咖啡「阿拉比亞的珍珠」或其他飲品。一天的開始，如此豐盈美好。

豐富的輕食早餐及下午茶

除了早餐，Mandy也很喜歡在午餐時間來這裡享用三明治等輕食。經典的綜合三明治色香味俱全，好吃沒話說。而行家級美味則首推漢堡排三明治（ハンバーグサンド）！這是Mandy吃了印象深刻且下次來還想再吃的無敵三明治。用復古風情的銀色盤子裝盛的三明治，顯得秀氣優雅。吐司烤的酥香，裡面夾著柔軟多汁的漢堡排，讓人吮指回味，和招牌咖啡非常對味。

除了三明治、義大利麵、牛肉燴飯等餐食，這裡的甜點品項也不少。無論是和風

本店天花板挑高，營造出氣派又舒適的氛圍

蜜豆冰還是聖代，以及糕點櫥窗內誘人的蘋果派、起司蛋糕等等，也都好評連連，深受在地人喜愛。

INODA本店之於我，早已不只是咖啡愛好者的朝聖地，更不只是早餐打卡名店，而是像老朋友般的重要存在。無論任何時間和季節，INODA都能讓我在這裡好好放鬆、充電，是一間很在地、難以取代的老鋪喫茶店。

info

INODA COFFEE 本店

地址｜京都市中京区堺町通三条下ル道祐町 140
電話｜075-221-0507
時間｜週一～日 07:00 ～ 18:00
公休｜全年無休
網址｜www.inoda-coffee.co.jp
I G｜inodacoffee_kyoto_official

1.本店店內一隅／2.INODA咖啡禮盒，紅色罐就是招牌咖啡阿拉比亞的珍珠／3.漢堡排三明治是上品好滋味

法蘭索瓦咖啡館（フランソア喫茶室）
—京都最知名的老派歐風咖啡

在京都市中心的高瀨川畔，有一棟被列為國家有形文化財的歐式建築，灰階的低調掩不住歲月的光華，它是昭和9年(1934年)開業的法蘭索瓦咖啡館(フランソア喫茶室)。當店特調咖啡的風味極好，招牌甜點的表現也很出色，是愛好咖啡的京都居民與海內外觀光客都推崇的知名老派歐風咖啡館。

以法國畫家米勒之名命名

法蘭索瓦咖啡館的店名Francois取自以《拾穗》這幅畫作享譽國際的法國畫家米勒Jean Francois Millet的名字。店內牆懸掛著多幅世界級畫家如畢卡索、夏卡爾等人的畫作，如此風雅，是因為創業者立野正一當年的夢想是當一名畫家！而且店內從留聲機中流瀉出的古典音樂曲目，也是由立野的聲樂家朋友擔任選曲。處處講究，展現出創業者不凡的企圖心。

1.法蘭索瓦的招牌甜點與加了鮮奶油的咖啡／2.法蘭索瓦是日本第一間被列為有形文化財的咖啡館／3.歐風古典式的深色木桌與紅絲絨座椅很優雅

風格宛如文藝沙龍，亦是言論自由的堡壘

不只建築外觀與店名由來很歐洲，法蘭索瓦的店內裝潢設計也讓人彷彿置身在歐洲文藝復興時期的某間沙龍。拱型天花板、深棕色的厚實木桌、紅絲絨座椅、華麗的教堂風彩繪玻璃，以及昏暗的燈光照明，非常的巴洛克。從官網資料得知，這樣的設計靈感是來自義大利豪華客輪的大廳內裝，由當時留學京都大學的義大利人與日本畫家高木四郎所設計。

喝咖啡之前，先來了解一下創業者的初心。受到社會主義影響的立野正一，最初開設法蘭索瓦咖啡館的目的，是提供一個空間，讓關心世界政治與社會動向的文學家、藝術家與市井小民，能夠安心地暢所欲言。後來在二戰期間，因砂糖等物資極度匱乏，且以法語命名的店名犯了當時的大忌，法蘭索瓦曾一度改名為「純喫茶都茶房」。

別錯過生起司蛋糕與特製布丁

這裡的咖啡甘酸與苦澀的層次均勻，濃醇又順口，可選擇黑咖啡或加入鮮奶油（フレッシュクリーム）。加入鮮奶油的咖啡口感更為香濃醇潤，這樣的喝法是老一輩常客們的最愛。而本日蛋糕每天大約提供3或4種，人氣第一的是使用來自丹麥的起司做成的生起司蛋糕。淋上藍莓醬更添美味，吃過難忘。

同時我也推薦他們家的特製布丁，吃起來口感偏硬，微苦的焦糖和綿密滑潤的鮮奶油與柳橙果乾，交織成層次風味出眾的大人味布丁，與招牌生起司蛋糕相比也毫不遜色。另外還有雞蛋三明治、披薩吐司等輕食，以及嚴選的果汁、威士忌等多種選擇。最後提醒大家，該店僅收現金。

4.法蘭索瓦另一處座位區／5.法蘭索瓦的特製布丁口感偏硬，風味極佳

info

法蘭索瓦喫茶室(フランソア喫茶室)

地址｜京都市下京区西木屋町通四条下ル船頭町 184
電話｜075-351-4042
時間｜週一～日 10:00～22:00
公休｜全年無休
網址｜francois1934.com
IG｜francois1934kyoto

Smart Coffee（スマート珈琲店）
—昭和時代的復古咖啡名店

位在寺町商店街上的Smart Coffee，是京都知名的老牌咖啡店，深色的木質調裝潢，昏黃的間接照明以及黑色皮椅，讓店內瀰漫著昭和時代以來不變的沉穩氣息。坐在這裡，時間彷彿靜止。在京都，備受咖啡迷推崇的咖啡店多如繁星，但只要提到昭和、復古(retro)或老鋪這三類關鍵字，Smart Coffee 絕對在榜上前幾名。

昭和7年(1932年)以Smart Lunch為名創業，店名Smart是期許能夠成為一家提供體貼周全服務的店鋪，二次世界大戰後更名為Smart Coffee。開業至今不變的是以自家烘焙的咖啡豆製作出一杯杯即使冷掉了依然不減香醇風味的咖啡。除了位在市中心的本店，另外在京都右京區歷史悠久的電影工業重鎮——太秦地區也設有分店。

1.位在太秦地區的分店，店門口同樣放置一台骨董磨豆機／2.本店店內一隅／3.現任社長每天早上都要使用的PROBAT烘豆機

傳承三代的自家焙煎咖啡

一杯美味的咖啡，除了取決於優質的咖啡豆，烘焙的功力也非常重要。「咖啡豆是活的，每天早上我都要先跟豆子對話，之後才進行烘豆。」Smart Coffee 現任社長這麼說。我隨著社長的話，眼光再度投向位在店鋪入門處，有烘豆界勞斯萊斯美譽，能夠精準傳達烘豆師理念的德國烘豆機「PROBAT」，確實是鎮店之寶啊！

除了風味絕佳的自家焙煎咖啡，到Smart Coffee可別錯過三大名物——法式吐司、鬆餅與自家製布丁(焦糖卡士達布丁)。

傳承三代的鬆餅樸實美味

這裡的鬆餅從外觀到味覺都走樸實不花俏路線，不膩口的美味，才能禁得起時代的考驗。食譜從現任社長的

4.口感厚實滑順的布丁非常美味／5.本店店內散發著昭和時代以來不變的沉穩氣息／6.名物法式吐司

info

Smart Coffee 本店

地址｜京都市中京区寺町通三条上る天性寺前町 537
電話｜075-231-6547
時間｜週一～日 08:00～19:00（2F 午餐供應時間為 11:00～14:30）
公休｜全年無休（午餐週二公休）
網址｜www.smartcoffee.jp
I G｜smartcoffee_kyoto

祖父母一代（Smart的創業者是社長的爺爺）起就沒變過。用玻璃布丁杯裝盛的布丁，一上桌就香甜誘人。舀一口，嘴中漾開的是濃濃的蛋黃牛奶香氣，口感甘潤綿密且厚實滑順，與焦糖完美的融合。

法式吐司也是不容錯過的美味，外皮稍微焦脆，吃起來濕潤蓬鬆柔軟。Mandy在這特別將老一輩京都人的吃法公開給大家參考。第一口直接吃原味，接下來宜趁熱灑一些砂糖在吐司上，最後才是淋上楓糖糖漿。也就是三段式吃法，享受3種滋味。

此外，Smart也供應蛋包飯、炸蝦等老派喫茶店風格午餐。想吃午餐的客人請上2樓用餐區。

只對麵包情有獨鍾

一向給人「和食」印象強烈的京都，其實是麵包天堂！麵包消費量高居全日本第一，這個事實連日本人都覺得吃驚！大多數京都人的早餐選項以麵包優先，午餐也經常是麵包或三明治。

京都市內與鄰近的宇治，大街小巷到處都有別具特色、開業以來始終保持高人氣的獨立麵包店。當然，連鎖品牌像是歷史已長達一百多年的「進進堂」、備受在地人喜愛且海內外旅客也愛光顧的「志津屋」等等，都各自擁有一大票鐵粉。京都人為什麼這麼愛吃麵包？有一派的說法是與京都人喜新的習性以及職人文化有關。

古城京都，卻有著「喜新」DNA

京都做為日本政經文化的中心長達1,200年，當時世界上最新奇的事物與所謂的異國風情，最先傳入京都。包括日本第一輛路面電車是從京都開始的，而最先以大銀幕放映電影也發生在京都市。「喜新」這個習性早已深植在京都人的DNA裡。

另一個原因是悠久的職人文化。京都有全日本甚至是全世界首屈一指的工藝技術，且多半是傳承了十代以上，創業超過三百年的老店，孜孜矻矻守護著這些傳統技藝。即使科技日新月異，早已能使用機器大量生產，職

人們依然用雙手工作。長時間用手工作的師傅們，忙起來的時候幾乎沒空坐下來，好整以暇的一手捧著飯碗一手拿筷子用餐。於是可以單手拿著吃而且快速就能果腹的麵包，成了他們的首選。

從紅豆餡發展出獨自的麵包文化

再來就是京都的和菓子與茶道文化淵遠流長，因此紅豆餡的製作水準相當高。到了明治時代日本人發明了紅豆麵包（あんぱん anpan），這不只是創舉，更是融合東、西洋的傑作，一推出就立刻受到男女老幼的喜愛，成為代表性的國民美食；自此之後逐漸發展出屬於日本獨特的麵包文化。

除了紅豆、卡士達奶油餡等等的甜麵包（菓子パン）系列，廣受各年齡層喜愛的還有鹹味麵包與咖哩麵包，這類的麵包日文稱為惣菜パン souzai pan。另外也不能忽視影響日本人飲食習慣很深，甚至青出於藍，讓法國麵包師傅也刮目相看的法系麵包等等，如此多元精采，都可以寫成一本麵包專書了呢！以下為大家介紹京都三家各具特色的人氣麵包店。

1.在京都車站就能購入在地經典麵包／2.日式鹹、甜麵包與法系豐富精采／3.趣味性十足的京都路面電車吊環麵包

京都的麵包名店何其多，在西陣有一家擁有「全日本最像法國本土風味」盛譽的麵包店，同時也是住在京都的法國人解鄉愁的首選，那就是被京都人暱稱為「紅色麥克（赤メック）」的Le Petit Mec今出川店。原本竟然一星期只營業3天?!

讓你宛如置身在巴黎的餐館

1988年創業的Le Petit Mec，在京都麵包界雖然年資尚淺，卻大受好評，被日本指標性美食網站tabelog選為「百大名店」，不只日本全國的麵包迷到京都旅遊時會來此朝聖，就連一生都在日本發揚法國麵包、被譽為「麵包之神」的Philippe Bigot也曾造訪過。

Le Petit Mec當然是法文，意思是矮小的男人，不過老闆發揮幽默感自行將之翻譯為「臭屁孩（クソガキ）」。

Le Petit Mec 今出川店

—人氣法式夢幻麵包店

1.創始店的紅磚色店面散發優雅法式風情／2.Le Petit Mec的招牌名物可頌麵包，日文片假名是クロワッサン・オ・ブール／3.內用區，格子桌布、紅色皮椅與復古海報，典型的巴黎小餐館風情／4.店內中央木桌上陳列了各種美味無比的法式派

今出川店是1號店，店面設計採用法國bistro常見，但在京都卻十分少見的酒紅色調，相當優雅且獨特。推開門，店內的陳設與氣氛，復古中又帶著一點俏皮時髦的味道。品項豐富的歐式麵包與各種法式派點陳列在架上與中央木桌上，內用區的牆面貼滿了店主當年留法時購入的電影海報，牆上密密麻麻的塗鴉則是全球各地的觀光客的心得感想。而且店內的背景音樂是法語廣播節目，讓人彷若置身法國的餐館。

酥脆又鬆軟的可頌麵包

可頌麵包可說是Le Petit Mec的代名詞，奶油香氣芳醇，外層口感酥脆，內層層次豐足美麗，整體口感酥鬆柔軟又扎實，讓人一口接一口無法自拔。除了麵包系列，各種法式水果塔、堅果塔、薄片蘋果派等甜點系列

也很受歡迎。結帳時店員會詢問是內用或外帶，選擇內用的話店員會請你先入座，之後他們會把麵包加熱、盛盤後再送上桌，就像剛出爐一樣氤著熱氣且香氣四溢。內用座位並不多，不喜歡排隊等候的朋友建議避開早餐尖峰時間，午餐時間到這裡吃份輕食佐法國氣泡水，或是下午茶時間來品嘗法式甜派搭配咖啡歐蕾也是很不錯的選擇。

京都車站也買得到

目前京都有6間店鋪，大阪3間、東京1間。如果沒時間專程到創始店今出川店感受巴黎本場氛圍，地鐵站附近的御池店或是大丸百貨與JR伊勢丹百貨地下美食街、京都車站內也買得到，可上官網查看哪一間分店對你來說比較方便。提醒大家，京都車站是採自助式結帳，只收現金、電子錢包，信用卡不適用。

info

Le Petit Mec 今出川本店

地址｜京都市上京区元北小路町 159
電話｜075-432-1444
時間｜08:00～18:00
網址｜lepetitmec.com
IG｜lepetitmec

NOTICE

今出川店的營業時間

今出川店原本一週只於星期五、六、日以及逢國定假日營業，2022 年秋天起改為每天營業。除了今出川店是紅色系，其他分店的裝潢設計基本上都是黑色調，日本人稱為「黑メック」。

進進堂
—京都人引以為傲的百年麵包

曾有許多讀者曾告訴我，疫情期間不能來京都旅遊的3年之中，最想念進進堂的麵包。在京都無人不知的進進堂，是大正2年(1913年)在京都創業的老鋪烘焙店，迄今已超過一百年。目前在京都市內有12間店鋪，白吐司系列、法式麵包系列、糕點以及日式甜、鹹麵包應有盡有，種類非常豐富。店名由來與《新約聖經》的部分章節內容「忘記背後，努力向前，朝標竿直跑」有關。

全日本第一個留學法國的麵包師傅

進進堂的創始店原本是在京都左京區，後來因遭祝融之災而搬遷到二條城一帶，烘焙工場也在1920年移轉到目前寺町店址附近。創業者續木齊於1924年赴法國學習法式麵包的理論與技術，是日本第一位到巴黎學習製作法國麵包的留學生。這也是進進堂的代表作——法式長棍麵包「retro baguette 1924」的命名由來。最大的特色是使用法國進口小麥低溫發酵高溫烘烤而成，口感偏硬，咬勁十足，麥香豐盈。曾榮獲巴黎長棍麵包大賽銀牌。

①

②

③

午餐麵包吃到飽很超值

進進堂京都車站店和寺町店是Mandy最常走訪的兩間店鋪，受青睞的原因不只是地點方便，還有濃郁的情感牽絆。前者紀錄了我和台灣好友們在此享用麵包後結伴展開愉快旅程的美好回憶，寺町店則是我平時在市中心逛街後想吃西式午餐的好去處。

成為常客的理由當然是餐點好吃以及一份熟悉感，另外就是午餐套餐選擇主食後，各式美味麵包可無限吃到飽，咖啡也能免費續杯。你只要

1.進進堂寺町店，紅磚瓦外觀設計優雅洗鍊／2.進進堂京都車站前店於2020年春天重新改裝，從早上7點營業到晚間10點／3.由店員端著麵包籃到桌前服務，每次都有8～10種任選／4.進進堂的新品牌「Le Born Vivre」進駐京都烏丸商圈，是法式咖啡餐館／5.推薦到進進堂吃午餐套餐，招牌麵包吃到飽、咖啡可續杯／6.進進堂的法式麵包、吐司等商品都是暢銷代表作

優雅地坐在位置上，店員會拿著麵包籃到桌前殷殷詢問，適合搭配料理的招牌法式長棍麵包、可頌麵包、雜糧吐司、田舍麵包等通通有，是麵包控的天堂啊！而且早餐、午餐菜單會隨季節更新，早餐套餐的吐司有5種供你選擇。

紫蘇醬菜咖哩麵包一吃上癮

進進堂不只在法式麵包的製作上精益求精，也積極開發日式調理麵包。最精彩的就是與京都醬菜老字號「打田漬物」合作，推出紫蘇醬菜咖哩麵包等新商品。外皮炸得酥脆，內餡由咖哩的香辛與醬菜的酸味碰撞出獨特的好滋味，和其他日系咖哩麵包截然不同，讓人一吃上癮，回購率超高。

百年進進堂至今依然傳續創業者的理念，並在1918年推出新品牌「Le Born

Vivre」，以法式咖啡餐館的方式在千年古都京都傳遞法國飲食文化，透過麵包與料理、葡萄酒來感受人生的幸福滋味。並且在官網上提供相關食譜讓顧客參考。

製作帶給顧客幸福的麵包

在異鄉生活遭遇的挫折與苦悶，為了不讓台灣的親友擔心，時常是說不出口的。當我心情沮喪時，不知道被進進堂的麵包拯救過多少次！吃了就想到進進堂創業時店名由來「忘記背後，努力向前」這句話，於是又有了力氣和勇氣面對未知。下次你來京都，請務必品嘗看看，感受進進堂一百多年來，以「製作讓顧客吃了會感覺生命美好豐盈的麵包」為職志的那份用心。

「Le Born Vivre」英式下午茶套餐非常受歡迎

info

進進堂寺町店（本店）

地址｜京都市中京区寺町通竹屋町下る久遠院前町 674

電話｜075-221-0215

時間｜週一～日 07:30 ～ 19:00(餐廳時間到 18:00，麵包內用時間到 18:30)

網址｜www.shinshindo.jp

I G｜shinshindo1913

先將時空倒回到二次大戰後的京都，在河原町有一對名為堀信與志津子的夫妻，他們一開始是在哥哥開的麵包店幫忙，後來衍生出販售自己做的麵包的想法。就這樣，一間以妻子的名字命名的麵包店「志津屋」於1948年誕生了。目前發展成連鎖麵包店，是京都人引以為傲的在地品牌，備受老中青三代喜愛。在京都總共有21家店鋪，其中有不少是進駐於地鐵站的剪票口旁，方便大家通車時順便購買。

志津屋

—店名藏著對太太的愛

1.外觀有風車狀壓紋的洋蔥火腿三明治Carnet是志津屋的代表作／2.受京都世世代代居民喜愛的麵包品牌SIZUYA志津屋／3.元祖炸牛排三明治／4.SIZUYAPAN的豆沙麵包商品適合當伴手禮

京都國民品牌麵包店

志津屋雖是京都老字號麵包品牌，卻很鼓勵員工發揮創意。比如由公司年輕一輩的麵包職人們主導發想，每個月平均推出5種新產品，像是3月的竹輪起司麵包、餃子麵包就很有趣！值得注意的是，他們在2012年創立了走伴手禮路線的姊妹品牌「SIZUYAPAN」，主打質感高級、保存期限也較長的豆沙麵包系列。口味相當豐富，其中以豆沙栗子、紅豆抹茶、安納芋紅豆等最受歡迎。「SIZUYAPAN」目前在京都市內有4間分店、大阪1間。

有著特製醬料的元祖炸牛排三明治

志津屋有兩大鎮店之寶，一個是最具代表性的圓形火腿洋蔥三明治（日文是カルネ.carnet），另一款則是元祖炸牛排三明治，兩者的共通

1.姊妹品牌SIZUYAPAN是豆沙麵包專門店，質感佳／／2.志津屋麵包品項非常豐富多樣／3.Carnet系列商品在京都大型超市也買得到／4.這是東西合併的新商品：竹輪起司麵包

點就是使用的食材很簡單，然而滋味不凡，重點是吃不膩，推出以來便廣受各年齡層的消費者喜愛。

由炸牛肉片、帶著微焦香的烤土司以及自家特製醬料組成的元祖炸牛排三明治，是志津屋暢銷且長銷的代表商品之一。帶著酸味的醬汁與外酥內軟的炸牛排很合拍。

可愛風車壓紋的洋蔥火腿三明治

而人氣第一的Carnet更是「京都人無人不知」的明星商品，有「京都人的靈魂食物」之稱。誕生的由來與德國有關，當年第一代社長為了製作好吃的歐式麵包前往德國視察時，在慕尼黑車站看到了一款以德國凱薩麵包(Kaisersemmel)做成的三明治，因而得到靈感。

Carnet的表面有可愛的風車狀壓紋，表面酥中帶軟，內裡蓬鬆又有咬勁，這是德國凱薩麵包的特色。而裡面真的就只夾著一片火腿與適量的洋蔥切絲。簡單的食材卻能如此好吃，秘訣在於等量——麵包上塗抹的乳瑪琳奶油與洋蔥各10公克、加上一片火腿，如此的黃金比例，滋味和諧百吃不厭，據說一天可賣出5,000到6,000個。後來又陸續推出了黑胡椒與起司等版本，也把特製乳瑪琳商品化。

值得一提的是，Carnet在法文的意思是地鐵回數票，第一代社長以此命名自家三明治，意即希望客人能長期

②

③

愛用，就像天天利用回數票搭地鐵般。在部分店鋪也設有內用座位區，自行挑選麵包後再加點咖啡等飲料能享有100日圓優惠。同時還有厚片吐司、三明治等各種早午餐套餐可選擇，深受日本上班族和銀髮族的喜愛。

info

志津屋本店

地址｜京都市右京区山ノ内五反田町35
電話｜075-803-2550
時間｜週一～日 07:00～20:00
網址｜www.sizuya.co.jp
I G｜kyoto_sizuya

④

日本麵包的誕生物語

歐風麵包是在1543年，由葡萄牙人帶進日本。當時他們漂流到九州鹿兒島的離島種子島，手上有槍炮和麵包。葡萄牙文把這種小麥做成的糧食稱為pao，也就是日文外來語パン(pan)的由來。後來隨著西洋傳教士以及日本與南蠻（當時對歐洲的統稱）之間的貿易往來而慢慢擴及到九州其他地區。

起初麵包是航海時船上的糧食，為了能長時間保存所以又乾又硬。這樣的口感在當時並不受日本人喜歡。到了西元1840年，因爆發鴉片戰爭，幕末將軍命令伊豆一位地方官製作軍糧以抵禦外敵，於是在16世紀由葡萄牙人帶來的這種容易保存且方便攜帶的乾麵包，就成了軍糧首選。

1.日本吐司麵包的元祖店在橫濱（圖片提供：Photo AC）／2.日本紅豆麵包的元祖店在東京銀座

明治時代皇室專用的紅豆麵包

而日本本土系的麵包則誕生於明治時代，日本人改良發酵技術，製作出符合國人胃口的軟麵包。接著東京銀座的「木村屋」麵包店把紅豆餡包進了以酒種發酵的麵糰裡，日式紅豆麵包於是誕生。一開始是進貢給明治天皇，屬於皇室專用的高級品。到了大正時代，砂糖與奶油日漸普及，從此麵包文化在日本生根茁壯。二次大戰結束後，麵包出現在日本各級學校的營養午餐菜單上。到了21世紀的今日，日本麵包師傅的技藝臻至頂級，是世界麵包大賽(Mondial du pain)的常勝軍。

日本第一家麵包店在橫濱

日本第一家麵包專賣店不在長崎也不在東京，而在橫濱。1864年，神奈川縣橫濱開港，一家由英國人克拉克經營的「ヨコハマベーカリー」(橫濱烘焙)的麵包店開張，被視為是日本第一家麵包店，當時店內有一位名為打木彥太郎的日本人學徒。後來克拉克在西元1888年退休回國，打木獨立，以「横浜ベーカリー宇千喜商店」為名創業，即現在的「ウチキパン」的前身。是日本吐司(食パン)的元祖店。

品嘗和牛的極致美味

根據2021年日本總務省家計調查年報數據顯示，京都府（含京都市）每戶人家的牛肉消費金額，平均一年達41,924日圓，牛肉消費量為10,831公克，都是全日本第一名。

一向給人和風印象的京都，其實是洋食之都，西餐廳的水準很高。這與京都人自古以來喜歡接觸新事物的習性有關，外國貨進口到日本後，通常先在京都流行起來，「洋食」就是其中之一。同時拜地理環境之便，日本三大和牛——近江牛、但馬牛（神戶牛）與松阪牛的產地都在京都周邊，京都市民要食用上等牛肉相對而言容易許多。

1.烤牛肉蓋飯是京都「佰食屋」的招牌菜／2.「京都勝牛」的炸牛排定食很受觀光客歡迎

東洋亭
—京都百年西餐連鎖店代表

在京都提到西餐，絕對少不了「東洋亭」。1897年創業的東洋亭，從明治時代到令和時代，以選項豐富又美味超群的西式料理、甜點以及周到的服務，滿足了世世代代的京都人。東洋亭的本店原本位於河原町，後來搬移到北山的住宅街區，離京都府立植物園很近。南歐鄉村風的建築外觀非常醒目。目前在京都市共有5間店鋪，光是京都車站周邊就有3家，慕名而來的觀光客以及本地常客始終絡繹不絕。

黃金比例漢堡排，厚實多汁

這裡最具代表性的菜單是百年洋食漢堡排(百年洋食ハンバーグステーキ)，請注意！漢堡排與美式漢堡中間夾的肉片不一樣，簡單來說，日式漢堡排是一道有排餐風格的和風洋食。東洋亭的漢堡排餐以鋁箔紙包裹的方式

1.東洋亭本店的南歐風建築很醒目／2.這是春季限定，多了烤竹筍與九條蔥的漢堡排

放在鐵板上登場是一大特色，如此一來漢堡排能快速並均勻受熱，且保持軟嫩多汁的口感，牛肉的香氣和鮮甜滋味也鎖在裡面，同時也能避開一般鐵板料理上桌時熱燙油汁飛濺的缺點。

東洋亭的漢堡排以牛絞肉與豬絞肉7：3的黃金比例，每天在店鋪廚房內手工捏製而成。吃的時候以刀子將鋁箔紙劃開，厚實多汁的漢堡排映入眼中，而且還加了一塊燉得軟嫩的牛腩。氤著騰騰熱氣，香濃醇厚的燉牛肉(beef stew)醬汁與漢堡排的肉香撲鼻而來，令人食慾大振。這時你的視覺、嗅覺已經被

取悅了，接下來就是味覺享受了。第一口就能吃出百年老店的手藝，漢堡排口感柔軟有彈性，肉汁豐盈，油脂香氣十足，滋味飽滿鮮甜。同時還有一顆用奶油與少許鹽巴調味、烤的鬆軟的帶皮馬鈴薯，總體分量十足。

除了經典的百年洋食漢堡排，也有和風、起司以及期間限定漢堡排等等不同口味的選擇。比如春天能嘗到添加了京都產竹筍與九條蔥為配菜的特別版漢堡排。除了漢堡排，其他餐點也相當美味，像是烤蝦、烤雞排、烤魚排以及黑毛和牛牛排等等。

令人難忘的番茄沙拉

單點漢堡排來吃其實就很滿足，但小鳥胃的我依然推薦大家選擇基本型套餐，附上番茄沙拉以及烤麵包或白飯。東洋亭的厲害之處就在於對沙拉也非常講究，讓這道一整顆番茄沙拉(丸ごとトマトサラダ)成為其他西餐廳難以複製的名物小菜。

夏天選自北海道、冬季則選自九

州生產的牛番茄，一整顆水煮、去皮冰鎮一天後才提供給顧客。盛盤的時候番茄下方鋪著塔塔醬小黃瓜鮪魚，再淋上東洋亭特製的番茄專用調味醬，是一道鮮美開胃且令人吃過難忘的番茄沙拉。連原本不太喜歡番茄的人也能接受。

1.東洋亭高島屋店店內一隅 ／2.漢堡排上桌時以鋁箔紙包著也是一大特色／3.百年漢堡排是東洋亭的招牌菜／4.外觀到味覺都講究的番茄沙拉一吃難忘

info

東洋亭本店

地址｜京都市北区上賀茂岩ケ垣内町 28 番地の 3
電話｜075-722-2121
時間｜週一～日 11:00 ～ 22:00
網址｜www.touyoutei.co.jp
I G｜touyoutei_1897_honten

三嶋亭
—傳承已久的壽喜燒老店

❶

❷

3

到京都想品嘗高級美味的壽喜燒，首推「三嶋亭」。創業於明治6年的三嶋亭，對當時還沒養成食用牛肉習慣的日本人而言非常稀有，加上店內供應的牛肉料理相當美味，於是很快就受到在地人歡迎，生意興隆。現在已傳到第五代當家。本店位在寺町商店街上，是一棟歷史悠久的傳統京町家木造建築。

香氣四溢的關西風壽喜燒

三嶋亭的壽喜燒是關西風，而且是結合壽喜燒與懷石料理精髓的高檔料理，全程由經驗老到的店員在客席上提供調理服務。所謂的關西風就是先在鍋中放入少許砂糖，再將頂級的黑毛和牛肉片下鍋微煎，讓焦糖帶出牛肉的香氣與旨味，接著放入蔬菜等其他食材，並徐徐淋上醬汁。之後沾著生蛋吃，整體口感非常香嫩滑順，入口即化。

不傷荷包也能品嘗高檔牛肉

到本店用餐必須提前預約，而且價格可能會讓一般人猶豫止步。雖然午餐時段的價格8,000日圓起跳並不是吃不起，但如果你覺得上官網預約很麻煩，或是想要用平價吃到三嶋亭，不妨到京都高島屋百貨7樓「美食花園京迴廊」的分店吧。用餐環境高雅舒適，餐點價位親民，讓人能輕鬆無負擔的享用遠近馳名的壽喜燒。

三嶋亭高島屋分店的壽喜燒也有分等級，最平價的「壽喜燒膳」不到3,000日圓就能飽嚐鮮美芳醇的好滋味。內容是壽喜燒(包含100g重的黑毛和牛牛肉片、燒豆腐、大蔥、洋蔥、蒟蒻絲等)以及生雞蛋、

1.京都人會上門買壽喜燒用的黑毛和牛回家煮／2.牛肉可樂餅料好實在／3.到三嶋亭高島屋店可用平價享受高檔壽喜燒／4.本店一樓的生鮮肉鋪於2021年完成改裝／5.把高檔壽喜燒套餐濃縮成平價版的定食，絲毫不減美味／6.到三嶋亭買牛肉可樂餅回家當晚餐配菜

info

三嶋亭本店

地址｜京都市中京区寺町三条下る桜之町 405
電話｜075-221-0003
時間｜週一～日 11:00 ～ 21:00（肉鋪則是 09:00 ～ 18:30）
公休｜週三
網址｜www.mishima-tei.co.jp
I G｜mishima_tei

白飯、醬菜、味噌湯。烹調好才上桌，不像本店那樣有服務人員在桌邊烹煮。

牛肉可樂餅也令人讚嘆

其實本地人多半是到三嶋亭本店一樓附設的肉鋪買生鮮牛肉回家煮，或外帶壽喜燒便當，或訂購便當招待重要的客人吃。尤其是歲末，三嶋亭本店以及在百貨公司地下樓設立的鮮肉鋪前，總是出現非常可觀的排隊人潮。京都人過年時除了吃傳統的御節料理，大手筆購入壽喜燒用的高級和牛的家庭也佔極高比例。

買生牛肉回家煮這件事與旅客無緣，除了預約吃壽喜燒大餐或買便當回下榻飯店，我特別推薦牛肉可樂餅，裡面的牛肉片相當夠分量，口感跟市面上的碎牛絞肉可樂餅完全不同，第一口就讓人讚嘆！真不愧是三嶋亭啊！

在講究代代傳承的京都料理界，不是只有父傳子，多的是得意門徒獨立開店或是某某新餐廳由知名老店監修的例子。想推薦給大家的Kanegura就是後者。

2021年一開幕，立刻引起日本全國美食評論家以及媒體的關注。未演先轟動的理由有二，一是Kanegura是由獨創的和牛懷石套餐聞名的「肉匠三芳」監修，由慣以配合的精肉業者提供日本屈指的和牛──近江牛、神戶牛，二是在這個物價漲不停的年代，吃一鍋名店監修的高檔和牛牛肉鍋竟然只要1,000多元日圓！

既不是火鍋也不是壽喜燒的新牛肉鍋

Kanegura的招牌菜就是以店名命名的「伖肉鍋」。鍋底鋪著豆芽菜和洋蔥，上面覆蓋著上好肉質的牛肉片，層層堆疊出像火山一樣的牛肉鍋。

Kanegura（伖）

─和牛懷石料理的平價牛肉鍋

①

②

③

店家也為牛肉鍋立下了正確的烹煮步驟，首先是大火加熱3分鐘，這時候完全不要去翻動食材，這個步驟算是蒸烤的概念。接著澆上特製醬汁，繼續用大火烹煮1分30秒。之後把鍋中的肉片與洋蔥豆芽菜全部攪拌，就可以大快朵頤了。豆芽菜的爽脆與洋蔥的鮮甜，與牛肉的軟嫩香甜相得益彰，好吃極了！不妨加點一顆生雞蛋來沾著吃，整體口感更加滑順，而且這樣的吃法也有點像是壽喜燒呢！第一次上門或完全不懂日文的朋友也別擔心，店長或店員會從計時到放入醬汁全程幫忙服務。

透過味蕾品嘗當令食材的鮮美

除了必吃的伖肉鍋，來到Kanegura不能錯過的還有本日推薦菜單。顧名思義就是他們依照當天進貨食材設計的菜單，因此並不是每次來都能吃

1.Kanegura店內桌椅區，另有吧檯座位／2.近江牛涮涮鍋／3.Kanegura店面外觀非常低調／4.依當天進貨的食材設計的本日推薦菜單／5.時間一到將特調醬汁全部倒入／6.生拌黑毛和牛牛舌的口感讓人驚艷

info

Kanegura

地址｜京都市下京区柳馬場通仏光寺下ル万里小路町 187
電話｜ 075-344-8810
時間｜週三～一 18:00 ～ 24:00（週末午餐時間也有營業）
公休｜週二
I G ｜ kanegura_kyoto

到同樣菜色。饕客和常客就懂得要點這些菜，比如初夏某個傍晚我點了生拌黑毛和牛牛舌、柚子醋拌牛頰肉等嘗鮮，透過自己的味蕾，每每都能驗證這個準則：只要食材夠好夠新鮮，生吃或簡單調味就很美味。連原本對生食敬謝不敏的我，也能吃得津津有味。

再來看這個涮涮鍋。在台灣生長、一年到頭都喜歡吃火鍋的我們，誰沒吃過涮涮鍋？但是這麼簡單的，我還真的是生平第一次遇到。Kanegura的近江牛涮涮鍋就只有一鍋高湯、一盤近江牛牛肉片、一碟生菜以及一份柚子醋調味醬，如此而已。要其他沾醬？沒有。要加點別的蔬菜？沒有。這般單純到近乎單調的地步，就是為了讓客人專心品嘗近江牛本來的肉質滋味，不要讓其他配角搶走風采。

京都的戀舊情懷

在京都，創業逾百年的企業超過2,000家。
老店接班人謹守家訓，竭盡所能延續傳統價值。
京都人在維護古蹟、生活儀式以及祭典上更是用心至極。
炎夏7月舉行的「祇園祭」，每年為京都帶來可觀的經濟效益。
此外，逛骨董市集享受挖寶樂趣的同時，
也能體會京都人愛物惜物的精神。

體驗在地的祭典節慶

祇園祭——京都最具代表性的祭典

從6月上旬發表祇園祭長刀鉾的「稚兒」由誰擔任開始，就可以感受到大家對於即將到來的祇園祭的期待氛圍。7月起，走在京都市中心街頭，隨處可聽見由鉦、太鼓、笛等傳統樂器合奏的祭典音樂「祇園囃子」，那是除厄樂聲。

為期一整個7月的祇園祭是京都也是全日本三大祭之一，流傳至今已超過1,150年。西元869年京都爆發瘟疫，當時醫療並不發達，人們以為是怨靈作怪。於是朝廷在「神泉苑」舉行了消災祈福法會「祇園御靈會」，從祇園社(即現在的八坂神社)抬出了瘟疫神「牛頭天王」的神轎，聯合當

1

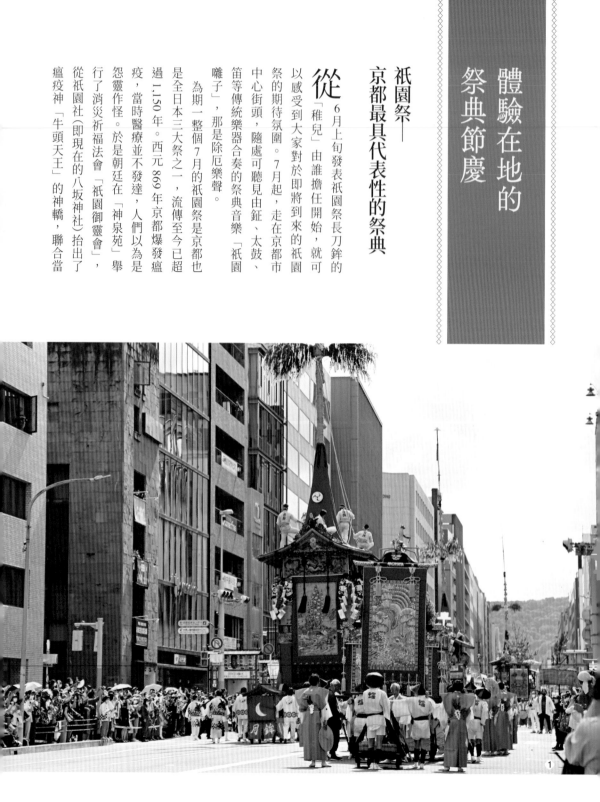

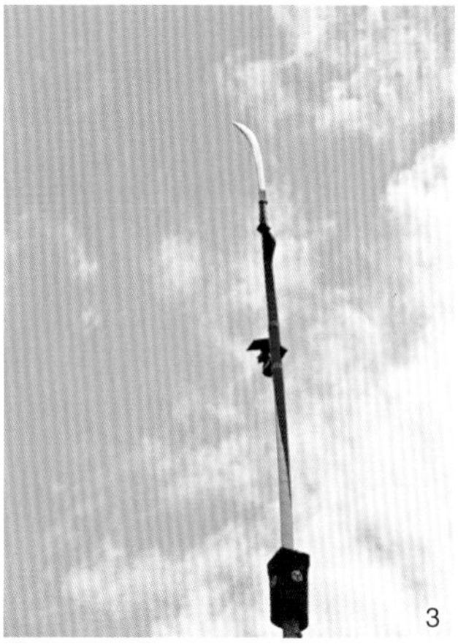

1.祇園祭前祭山鉾巡行／2.月鉾保存會人員正在徒手進行組裝／3.長刀鉾每年都是前祭遊行的領頭車，鉾頭是一把大長刀

時日本66個稱為「國」的行政區獻上的長矛，一路聲勢浩大前往神泉苑，這是祇園祭的原點。

傳承至今，代表京都34町區的34座山車、鉾車，分別於7月17日與24日早上進行前祭與後祭「山鉾巡行」，是祇園祭的最高潮。各個山車鉾車前後左右懸掛的絨毯，有些來自印度、土耳其、比利時，其中一部分被列為國家級重要文化財產，相當珍貴，因此被譽為「移動的美術館」。

令人嘆為觀止的山鉾90度大轉彎

山車是平頂的車，車頂通常立著松木；鉾車則是平均高達24公尺，豎立矛(鉾頭)的巨型車。每輛平均重達10噸左右的山鉾，由20到40位不等的曳手們徒手拖拉前行。以長刀鉾為首，各神轎在四條烏丸通交叉口附近集合後，依照當年的抽籤順序，依序沿著四條通往東前進，在河原町通向北轉，接著在御池通交叉口向西轉，一路直走再轉進新町通。

整個巡行過程中，最受矚目的是山鉾出發前，由長刀鉾上的真人稚兒以日本刀切斷結繩的儀式。而最令人讚嘆的，是鉾車在3個路口進行轉彎，日文稱為辻回り tsujimawari。山鉾不是現代版的汽車，要如何讓木製的大車輪90度轉彎，需要高明

豆知識

稚兒是神的使者

稚兒是指8到10歲的小男孩，每年祇園祭都會選出京都在地知名企業或百年老店的長子擔任。稚兒代表神的使者，在山鉾巡行(前祭)當天要進行切斷注連繩的儀式。

的技術。在彎道上先鋪上青竹並在上面潑水，接著用人力讓山鉾在竹片上轉向。當順利轉完方向，群眾立刻齊聲鼓掌叫好。這是令人感動的時刻，無論我已經在現場看過幾次，每次還是滿腔的感動。

重建回歸的山鉾巡行

祇園祭並非年年順利舉行，在江戶時代曾陸續遭逢三次大火，造成部分山車、鉾車燒毀。而在2020、2021年則因疫情而停止舉行巡行。到了2023年，祇園祭聯合會打出「完全回歸」的口號，所有的儀式一個不能少，完整執行。其中備受矚目的是遭火災而缺席巡行將近兩百年的「鷹山」，在町民、市民的齊心努力下，經再三考證資料與集資，終於把山車重建起來，2022年起回歸後祭的山鉾巡行行列。

1.2022年於疫情中恢復舉行的祇園祭的紀念物之一／2.京都車站在祇園祭期間掛上了代表34台山車鉾車的駒形提燈／3.八坂神社以前稱為祇園社／4.祇園祭的除厄粽非常搶手

不只鷹山，其他包括螳螂山、大船鉾也都是浴火重生的山鉾。螳螂山是在昭和時代重建後回歸，大船鉾則是在平成時代(2014年)回歸，在在讓人感受到京都人對於維護傳統的決心與魄力。

大受歡迎的消災護符「粽」

祇園祭有各式紀念品，最受歡迎的是買了掛在門口消災辟邪的「粽」(日文是ちまきchimaki)，巡行前由各個山鉾保存會於宵山期間在會所設攤販售。部分的山鉾町會讓買了粽或扇子等紀念品的民眾登上山鉾參觀內部，包括函谷鉾、菊水鉾、雞鉾、月鉾、船鉾、鷹山等等。然而至今仍有少數鉾車遵守以往規定，禁止女性入內，像是長刀鉾、放下鉾。

為期三天的前祭宵山

宵山期間指的是山鉾巡行之前的前夕，為期3天。準備出巡的山車鉾車停在町家門前供民眾參觀，會所前設攤販售除厄「粽」以及扇子、手巾等紀念品，還有各種御朱印讓大家收集紀念。而在7月15、16日連續兩天晚上6點到深夜11點，京都市中心所有山車鉾車停駐的街道禁止車輛通行，被稱為是「步行者的天國」。整個四條烏丸通一帶約莫聚集600個以上的攤販，而該區的商店也會在店門口做起生意，以燒烤、啤酒、刨冰以及射擊和撈金魚等遊戲居多。京都市中心彷彿變身為一座大規模的夜市，氣氛相當歡快熱鬧。

NOTICE

7月祇園祭重要行程

- 1日 長刀鉾町御千度，相關人員包括被選上的稚兒到八坂神社進行祈福儀式
- 2日 抽籤決定遊行隊伍順序
- 5日 長刀鉾稚兒表演太平之舞
- 10日 前祭的山車鉾車開始進行組裝、神輿洗儀式
- 12日 開放民眾體驗拖曳山車鉾車
- 14日 町家擺出屏風、織品等珍貴收藏，並開放一般人入內參觀，稱為「屏風祭」
- 15、16日 京都市中心變成大型夜市，連續兩天封街舉行前夜祭「宵宵山」與「宵山」
- 17日 山鉾巡行(前祭)、神幸祭
- 18日 後祭的各山車鉾車開始進行組裝
- 24日 山鉾巡行(後祭)、花傘巡行、還幸祭
- 28日 神輿洗儀式
- 31日 疫神社夏越祭

4

節分祭──鬼出去福進來，撒豆迎新春

「林桑，你知道節分祭嗎？你參加過嗎？很有趣呦！」日本新年過後，與我較為相熟的日本同事問我。自古以來大和民族就是相當尊重大自然的民族，甚至把節氣「春分」與「秋分」定為國定假日，並且非常重視「節分」。節分是指「立春」、「立夏」、「立秋」和「立冬」季節變化的前一天，現在講到節分，通常是指立春前一天的節分，每年多半落在2月2日或3日。為了迎接春天並祈願身心安康，日本各地在這天會進行撒豆子驅邪招福的儀式活動，即為「節分祭」。

驅邪招福的撒豆子儀式

在京都，以吉田神社為期三天的節分祭最受在地人青睞，特別是節分前一天傍晚6點舉行的「古式追儺式」。由「方相氏」拿著矛與盾追打象徵災厄疾苦的紅藍黃三色的鬼，最後由扮演「殿上人」的神職人員放箭，為追儺式劃下句點。這個儀式是源自古代中國的「追儺」，《論語》鄉黨篇：「鄉人儺，

1.吉田神社的追儺式／2.八坂神社節分祭的舞妓表演總是吸引大批圍觀人潮／3.八坂神社節分祭的抽獎券和福豆／4.京都五星級飯店也加入惠方卷戰局

朝服而立于阼階。」是古代一種迎神以驅除瘟疫鬼怪的風俗。「儺舞」於奈良時代傳進日本，是宮廷儀式之一。簡單來說，古時候的追儺就是現在的撒豆子儀式。

無論是否參加追儺節分祭，節分這天多數的日本人會在自家進行撒豆以及吃惠方卷這兩個活動來驅邪招福。在自家撒著炒熟的黃豆，一邊喊著「鬼出去、福進來」就是最典型的節分活動。由於日文「豆」的發音mame與「魔滅」相同，撒豆代表著把災厄邪氣趕出家門。此外，八坂神社的節分祭則是邀請祇園花街的舞妓們表演，之後向現場觀眾拋撒福豆，每年都吸引眾多觀光客到場。

面向惠方吃惠方卷

撒豆之後的重頭戲是吃惠方卷。惠方是指掌管福德的歲神每年所在的方位，象徵吉利；而惠方卷其實就是粗捲壽司，重點是不能切。在節分當天晚上要朝著當年的惠方，面帶微笑，安靜無言地把一整條惠方卷吃完，邊吃邊在內心許願。每年的惠方都不同，比如2023年是南南東，2024年是東北東。

惠方卷的花樣很多，價格帶也很廣，便利商店、超市、壽司店、百貨公司地下美食街以及大飯店都買得到。命名也討喜，像是「特上海鮮幸運卷」、「招福惠方卷」等等。而京都人愛吃牛肉，所以也買得到燻牛肉或燒肉惠方卷。值得一提的是，疫情期間，惠方卷的銷售量比往年更好，特別是一份3、4千日圓的高檔惠方卷更是早早銷售一空。下次你來京都旅行時若恰好遇上節分，不妨入境隨俗跟著吃惠方卷招福保平安。

延伸閱讀

五山送火——祈禱祖靈平安回到淨土世界

京都的夏天就是祭典祭典祭典！於夏季尾聲登場的「五山送火」，與京都三大祭——葵祭、祇園祭、時代祭並稱為京都四大節慶，是京都人將祖先的靈魂送回淨土的儀式，也是日本盂蘭盆節假期最重要的儀式。由來有多種說法，一是與自唐朝取回佛法密教的弘法大師空海有關；另外與送火相關的現存最古老史料，則是江戶時代前期輔佐朝廷的小槻忠利撰寫的《忠利宿禰記》之中，提及的「登山門觀火，西山大文字、舟、東山大文字」。

猶如中元節的送祖靈儀式

日本的8月等同於農曆7月，以台灣民俗的中元節來解釋日本的盂蘭盆節就簡單易懂了，而五山送火就是類似關鬼門的拜拜活動，將稱為精靈的死者之靈送回冥府。不一樣的是，這是屬於京都

1.在鴨川河岸觀看五山送火是許多年輕人的首選，照片中是左大文字／2.在銀閣寺前的大文字保存會攤位上購入護摩木，寫下心願／3.五山送火當晚第一個點燃的「大」文字（也稱為右大文字）／4.保存會工作人員把護摩木運上山堆成火床

人與祖先的團圓與分離，與台灣祭拜各方「好兄弟」的習俗不能等同視之。

依照傳統，京都人會在五山送火前一天到大文字山腳下的金閣寺或銀閣寺前的攤位購買護摩木(祈願木柴)，在木頭上寫下心願。而大文字保存會的義工會將這些護摩木捆綁好，在8月16日當天早上運上山，堆出俯瞰像井字形的柴堆，在山坡處排列出圖文形狀，於晚間點燃篝火。

8月16日晚上8點整，東山如意嶽上的右大文字的星星之火劃亮了京都盆地的黑夜，接著依序是松之崎西山和東山的妙、法、大北山的大、西賀茂妙見山的船形以及曼荼羅山的鳥居形。

大家一邊觀看一邊合掌默禱。氣氛安詳肅穆，與歡鬧的花火大會或其他熱力十足的祭典大不同。而且在地人其實多半會選擇在家中陽台遠觀或是收看電視實況轉播，年輕人以及觀光客則喜歡到鴨川沿岸等戶外場地或是飯店的頂樓餐廳一邊吃晚餐一邊觀賞。

祈願無病消災的護摩木

關於五山送火有幾個傳說，其一是寫上祖先與家人或自己名字的護摩木(祈願木柴)，供給五山送火做為當晚的柴堆，可保無病消災。在銀閣寺、金閣寺門前設有攤位接受信眾奉納供養。其二是當天晚上喝了杯中倒映「大」文字的酒，可實現願望並能長壽。三是把送火儀式燒過的木炭用和紙包好，綁上日本傳統的水引繩結，懸掛在家戶門口防止疫病。

在此特別說明，京都的五山送火(日文是「五山の送り火」)不能稱之為「大文字燒」，更別講成五山「放」火。

藏身在町屋裡的夢幻甜點

大極殿本鋪本店——京菓子三大名店之一

明治時代創業的大極殿本鋪，最初的屋號是山城屋，代表銘菓是紅豆餡菓子「花背」以及台灣通稱為蜂蜜蛋糕或長崎蛋糕的「春庭良」，多年來一直都名列在京都代表性伴手禮的名單中。還有一款無法外帶的鎮店名物，自推出以來就廣受日本各年齡層甜點愛好者的推崇，那就是名為「琥珀流」的寒天凍。

超人氣寒天凍，甜品界的寶石

2002年起，大極殿本鋪在六角通的分店六角店附設了甘味處「栖園」，並因應四季變化推出不同甜點，像是冬天的紅豆麻糬湯、夏天的抹茶、梅

1

1.大極殿的代表銘菓之一「花背」，外觀是花籠的形狀，內餡是大納言紅豆。／2.大極殿本鋪本店於2019年完成改建並附設喫茶處「栖園」案／3.5月的本店限定琥珀流是番茄口味／4.喫茶處「栖園」位在本店的賣場後方

子刨冰，還有季節性生菓子搭配抹茶等等。其中人氣最高的是每個月更換口味的寒天涼品「琥珀流」，在日本甜品界享有「可食用的寶石」的美譽。

透明中閃耀著光澤的琥珀流，是以高級的丹波系寒天製成，口感比一般寒天凍更細緻，柔嫩爽滑，入口即化。一年12個月有12種不同口味，甘酒、櫻花漬蜜與抹茶紅豆捎來春的氣息，夏天則以梅子蜜、薄荷與麥芽糖蜜來消暑，秋天以葡萄、栗子和柿子蜜讓人感受豐收的美好，冬天則有巧克力、黑豆以及絕妙的鹹甜白味噌口味。

本店限定琥珀流，滿足你的視覺及味蕾

位於四條高倉通的本店，原本並沒有附設喫茶處，前幾年進行改建工程時，也在賣場後方規畫了同名喫茶處「栖園」。室內裝潢簡潔明亮，並有一座小巧的坪庭，讓人置身室內也能感受到自然光線與綠意，這是京都的町家與庭園文化的象徵之一。本店「栖園」的最大賣點是本店限定的原創口味琥珀流。比如11月時六角店推出的琥

1.大極殿的正月迎春菓子實物樣本，每年12月底受理預約／2.柚子蜜琥珀流呈現出紅葉季節的多彩之美

珀流是柿子口味，本店則是「柚子蜜」。名為柚子蜜卻相當多彩多姿！先以霓虹般閃耀的黃、綠、紅色的寒天凍來展現楓葉季節的層次美感，抓住你的視線，接著用日本原生的實生柚子蜜和柚子果肉，清新芬芳滋味來滿足你的味覺。

　值得一提的是，每個月除了有一款本店限定的琥珀流，也同時提供六角店的琥珀流。換句話說，到本店最大的好處就是有兩種選擇，我就曾不只一次看過店內客人同時點了兩種來吃。

新年限定生菓子多達30種

　住在京都這些年，每年年底我都會興致高昂的前往大極殿六角店，預訂元旦要吃的正月菓子。六角店窗台上一字排開的正月限定上生菓子，不是只有3或5種，而是約30種，變化豐富，形色皆美。主題包括新年12生肖、象徵吉祥長壽的松竹梅、日出等等，例如2023年是兔年，就有兔子模樣的金團菓子與印有「卯」字燒印的上用饅頭。正月菓子每年12月27到29日受理預約，在除夕當天（12月31日）到店自取。

info

大極殿本鋪 本店

地址｜京都市中京区高倉通寺四条上る帯屋町590
電話｜075-221-3533
時間｜週一～日 09:30～18:00
公休｜週三
IG｜daigokuden.honpo

梅園茶房——猶如典雅藝術品的精緻羊羹

曾經，一提起傳統和菓子羊羹，大多數的日本年輕人都認為那是老掉牙的甜點，幾乎不會出現在日常食用範圍內。然而近十年來，許多京都老字號的和菓子店致力推陳出新，和菓子的口味越來越有洋味，外表變得更時髦可愛。京都的傳統甜點老店「梅園」就是一例，第三代當家西川葵小姐，是一位勇於打破框架的甜點師傅，她設計出外觀像迷你蛋糕般精緻可愛的裝飾羊羹（日文是飾り羊羹），一推出就成為全國甜點界的熱門話題，成功吸引年輕女性族群上門。

各有主打甜品的梅園姊妹店

喜愛和風甜品的朋友應該對甘黨茶屋「梅園」不陌生，1927年在河原町通創業，無論是御手洗糰子還是抹茶蕨餅都深受在地人長年喜愛。2010年起陸續展店，每間店鋪的主打商品都是「和風」甜品，但各有特色。比如兼具藝廊功能的咖啡店「梅園咖啡藝廊（うめぞの CAFE & GALLERY）」，來訪顧客十之八九

別具巧思的裝飾羊羹好看好拍更好吃

都是為了品嘗風味出眾的抹茶鬆餅而來。

而2016年在西陣紫野的住宅區開設的「梅園茶房」(うめぞの茶房)，招牌甜點則是以紅豆沙或白豆沙餡為基底的裝飾羊羹。顧名思義，就是在羊羹上方以季節水果果乾或鮮奶油等加以裝飾。是一款口感柔順、結合了和風與洋菓子食材的新式甜點，讓許多原本不喜歡羊羹的客人從此愛上羊羹，也令原本就喜愛和菓子的人打開新的視野。

必吃每月限定款及招牌羊羹

走進店內，復古風格的玻璃展示櫃內陳列著大約有8到10種不同口味的羊羹，正方形的是通年嘗得到的招牌口味，包括檸檬、巧克力、覆盆子等等，圓形的則是當月限定款，比如早春有焙茶、柚子，夏天有芒果、秋天有南瓜等等。

我的建議吃法是招牌與當月限定口味各來一個！以白豆沙為基底的檸檬羊羹，上面有鮮奶油和焙茶茶葉粉再加上一片萊姆果乾，概念就像是用新鮮水果裝飾的奶油蛋糕！搭配紅茶或煎茶皆宜。另外這款是3月限定的焙茶羊羹，加上黃豆粉做成的鮮奶油並以白巧克力碎片和覆盆莓果乾以及可食用的乾燥花裝飾，東西合璧，賞心悅目且口感豐富。

菓子器皿襯托羊羹的別致

日本知名的陶藝家北大路魯山人曾說過「器皿是料理的衣裳。」梅園茶房的羊羹不只在口味和外觀設計上別具巧思，對於盛放羊羹的器皿以及甜點叉和茶具也很用心。委託九州福岡的陶藝家高木剛特製的粉引高台陶器質樸又有韻味，將羊羹襯托得像藝術品般美麗，帶來視覺與味覺的雙重享受。叉子則是真鍮，也就是黃銅製品，低調的光澤與獨特的手感，為甜點時光加分不少。

在梅園茶房吃一份別具巧思的裝飾羊羹，細細體會京菓子的傳統與創新，以及梅園第三代當家對和菓子的愛。

info

梅園茶房（うめぞの茶房）

地址｜京都市北区紫野東藤ノ森町 11-1
電話｜075-432-5088
時間｜週一～日 11:00～18:30
公休｜不定休
網址｜umezono-kyoto.com/nishijin
I G｜umezono_kyoto

1這是梅園茶房姊妹店「甘黨茶屋三條寺町店」的人氣點心拼盤／2.佇立在鞍馬通上的梅園茶房外觀非常低調／3.梅園茶房２樓座位／4.梅園茶房的店招牌小小的而且放置在地面上

出町雙葉餅屋——
京都人也甘願排隊的名店

京都人不愛到排隊名店消費，但凡事總有例外。比如「出町雙葉餅屋（出町ふたば）」的名代豆餅，Q彈柔軟的餅皮包著甘潤甜美的紅豆沙，也吃得到顆顆分明的紅豌豆。絕妙的滋味，親民的價位，不只在地人愛極了，也是日本各大美食節目、旅遊情報誌和關西地區的美食家們認定為「排隊價值最高」的京都代表性甜點。

口感層次豐富的豆餅

已與豆餅畫上等號的出町雙葉餅屋，其實是從石川縣到京都開業的「外來者」，而且明治32年創業（西元1899年）這樣的歷史在京都一點也不算資深老店，卻能成為代表京都的美食並廣受日本全國民眾的喜愛，可見風味多麼出眾！

好吃的先決條件是嚴選食材，以滋賀縣生產的羽二重糯米做成的麻糬餅皮，米香豐滿、口感柔潤有彈性，在餅皮中揉入了

1在京都，豆餅已與出町雙葉畫上等號／2.遠遠就看到出町雙葉門前大排長龍／3.田舍大福有濃濃的蓬草香氣／4.一年四季排隊人潮絡繹不絕／5.製作豆餅的職人們以及牆上懸掛著各大獎狀

info

出町雙葉餅屋（出町ふたば）

地址｜京都市上京区出町通今出川上ル青龍町 236
電話｜075-231-1658
時間｜週一～日 08:30 ～ 17:30
公休｜星期二、第四個星期三

由北海道富良野的契約農家生產的紅豌豆，粒粒碩大飽滿，並且以絕妙比例的鹽巴稍加調味，層次更加豐富。內餡是口感綿密細緻、入口即化的紅豆沙，採用北海道十勝的紅豆製成。就這樣，外觀看似平凡的豆餅，成為讓人一吃上癮，遠近馳名的京都排隊名物。平均一天可賣出2,000個，在觀光旺季會多更多。店鋪後方數名菓子職人眼神專注、雙手嫻熟快速製作豆餅的模樣，是我每次站在排隊人龍中怎麼看也不厭倦的「風景」。

堅持品質，做出上乘美味的紅豆餡

正因為豆餅的構成材料相當單純，因此更凸顯出菓子職人的技術與經驗的重要性。如何做出理想的紅豆餡，一向是每家和菓子老店兢兢業業極力求好的「日課」。出町雙葉餅屋的職人每天要炊煮200公斤的紅豆來製作豆沙，「紅豆是有生命的，每天都會變化，所以無論是浸泡、熬煮的水量以及壓力、時間長短，都需要微妙的調整，才能做出品質安定不變、上乘美味的紅豆餡，這部分其實並不容易！整個過程必須全心全意投入。」該店紅豆餡製作小組的最高負責人藤森周治先生這麼說。

百貨公司也買得到

出町雙葉餅屋至今依然沒有自家網站，排隊人潮從未減少，目前在京都各大百貨也有販售但通常很快就銷售一空。除了豆餅，紅豆飯、名為田舍大福的蓬草麻糬以及最中等等也很受歡迎。值得一提的是，所有豆餅在上架販售前都會先經過金屬探測器檢查，開店至今不曾檢測出任何異物。

和菓子——季節感與美感交織的藝術甜品

和菓子最大的特徵是季節感，和菓子職人憑藉熟練的技藝與對季節變化的敏銳度，輔以歷史、文學上的知識與美學素養，形塑出一款款四季風物詩。巧手重現春櫻的嬌柔、夏綠的清新、秋楓的璀璨以及冬雪的寂然。

一份和菓子，即是一場美的五感饗宴。除了視覺上的纖細美感，同時也重視命名，時常引用古典文學作品。而不同的口感以及原料的天然香氣，則同時滿足了味覺、觸覺與嗅覺。日日月月，什麼時節要吃哪種和菓子，在在都有典故；這就是日本人體會季節流轉的日常之道。

和菓子的基本分類

菓子是日本傳統糕餅糖果的統稱，為了與從西方傳進的甜點做對應，於是冠上了「和」字。和菓子最基本的分類法是以含水量來分，有生

菓子、半生菓子與乾菓子(干菓子)三大類，含水量分別是30%、10~30%、10%以下。

常見的生菓子有四大類：一、餅物(もち)，包括大福、御萩餅等，台灣通稱為麻糬；二、練物(練り切り)，是日本茶道的主菓子；三、蒸物，常見的有上用饅頭；四、流物，像羊羹、葛餅都是。

乾菓子則有一、打物或押物，以木製模板做出造型，最常見的是落雁，口感類似台灣的「糕仔」(台語發音)。二、燒菓子，老少咸宜的銅鑼燒、煎餅都是；三、炸物(揚げ物)，最具代表性的是花林糖，類似台灣的麻花捲；四、飴物，就是糖果類，像金平糖、琥珀糖等等。

和菓子是來自唐朝的舶來品

在古墳時代，菓子指的是樹木與草類的果實，類似現代的水果。隨著歷史發展，和菓子經歷了唐菓子時代、點心時代、南蠻菓子與京菓子四大時期的演變。

在飛鳥、平安時代，日本遣唐使不僅將佛教傳入日本，也把唐菓子引進日本。那時是以米粉、小麥粉為主材料，以油炸的方式做成桃枝、團喜、索餅等，於祭典、宮中

1.早春的上生菓子／2.日本關西人吃這樣的月見糰子過中秋／3.聖誕節綜合乾菓子有像星星的金平糖、雪人琥珀糖以及雪花形狀的落雁等等

行事時供奉神明用。這是和菓子的雛形。

到了西元16世紀，喝茶文化伴隨禪宗佛教漸漸盛行，包著豆沙餡加以蒸熟後食用的饅頭類是當時最主要的茶席點心。因茶聖千利休，菓子與茶道相互影響，成為禮儀與品味的象徵。常見的茶點包括至今依然十分受歡迎的煎餅、茶巾絞等等。

接著到了1569年，一位葡萄牙傳教士晉見織田信長時獻上了金平糖，而卡斯提拉(或譯為長崎蛋糕)也是在這時傳入日本的。這些由南蠻人(西葡等歐國)傳入的甜點，通稱為「南蠻菓子」。自此日本人開始大量使用砂糖與雞蛋製作甜點，並深深影響了現代的和菓子。

以京都為中心的和菓子被稱為「京菓子」，京菓子職人必須有修為、美感與品味，因為最初主要的服務對象是皇室、達官顯要、富商、茶道家等等，以及宮中、寺院舉行重要儀式時也不可或缺。對於材料與外觀、命名相當講究，且以抽象表現居多，就像水墨畫保有留白的

豆知識

暖簾分店

在日本，隨處可見店門口懸掛代表商號的布簾，日文稱為暖簾，掛上暖簾代表當天營業。而暖簾分家(暖簾分け)是指經過本店認可，可延續本店商號自立門戶的獨立商號，大家各自運作。在京都，傳承數百年的老店相當多，因此暖簾分家的情形十分普遍。

1.正月新年限定的花瓣餅／2.6月梅雨季的水無月

2

部分；與江戶（東京）的具體表現大不同。

以龜屋、鶴屋為店名的和菓子店

江戶時代以前，京都有所謂的五龜二鶴，也就是五家以「龜屋」、兩間以「鶴屋」為名的上菓子屋。來到令和時代，目前京都這些名為龜屋、鶴屋的知名和菓子老店比如龜屋良長、在日本關東、關西地區都享有盛名的鶴屋吉信等，多半都是從這7家店暖簾分家而來。

逛逛二手市集 會有驚喜的發現

東寺 弘法市——超過上千攤位的人氣市集

如果到京都只能逛一個市集，那一定不要錯過弘法市！弘法市是我在京都逛市集的啟蒙之地。回想移居京都的第一年秋天，一大早搭車到東寺，看到上千個攤位聚集在境內的盛況，以及川流不息、摩肩擦踵的人潮，是多麼的吃驚！當時我的日語大概只有小學生程度吧，卻也能與攤商大嬸、大叔們愉快交談，選購了獨一無二的手作飾品、吃下了熱騰騰的土手燒，是一個溫暖又開心的記憶。從此之後我每年都會去一到兩次。

東寺與弘法市的起源

在逛弘法市之前，先來認識東寺與弘法市的源起吧！西元 794 年桓

1.到弘法市享受尋寶樂趣／2.甜甜鹹鹹的土手燒一直是弘法市集上備受歡迎的攤位／3.在東寺「金堂」前方的攤位以骨董、古美術品居多／4.日本人每逢新年會玩「板羽球」消災解厄，這是羽子板

2

3

武天皇遷都平安京時，於羅城門的東西兩邊建造了東寺與西寺，鎮守京城的左右。後來西寺遭祝融之災未能重建，東寺成為平安京唯一的遺構；而在興建京都塔之前，東寺的五重塔一直是京都的地標。接著第五十二代天皇嵯峨天皇把東寺賜給入唐習得佛教與密教的僧侶空海（弘法大師），做為他所創的真言宗的總本山。

空海大師於西元835年舊曆3月21日圓寂，每年到了他的忌日這天，於供奉大師的御影堂舉行報恩感謝的「御影供」法會，信徒參拜踴躍，後來每月21日都固定舉行，稱為「弘法日」。

全日本歷史最悠久的市集

人多的地方就會聚集商業活動，每到弘法日，在東寺門前便會出現販賣茶水、點心供信徒小憩的茶席攤販與茶屋，這是「弘法市」的原形。到了江戶時代，不只有茶水攤，也集結了日用雜貨、骨董等攤商；而東寺也廣開方便之門，讓攤販進駐寺域，如今成為京都乃至於全日本歷史最久、規模最大的市集。不只境內攤販密集，也延伸到北門和總門外。來弘法市擺攤的攤商多半都有實體店面，商品種類五花八門，包括古美術品、二手和服、陶瓷器皿、生鮮蔬果、刀具、薰香蠟燭、傳統手工藝、手作衣飾、園藝盆景、麵包點心、咖啡、醃漬食品、熟食攤等等。

採買年貨、祈福參拜

其中以每年最終回12月21日的「終弘法」以及一年起始的1月21日「初弘法」最為熱鬧，京都人會在「終弘法」那天到東寺祈福並採買年貨。過去幾年我曾不只一次在「終弘法」市當天選了店家手作的新年掛飾（注連飾りshimekazari），再去水果攤買了一籃小蜜柑等等應景水果，懷著感謝和愉快的心情，準備迎接新的一年的到來。

值得一提的是，春秋兩季東寺會舉辦特別活動，包括夜櫻與夜楓點燈、金堂與講堂夜間開放參拜，以及五重塔第一層對外開放等等。

info

弘法市

日期｜每月 21 日
時間｜ 06:00 ～ 16:00
地點｜東寺境內
規模｜約 1,200 個攤位
網址｜ toji.or.jp/mieku

1.岡崎公園寬廣，樹林草地整齊美麗，逛起來很舒服／2.沖繩的陶器質樸厚實／3.邂逅的不只是瓷器，也是一種生活風格

平安跳蚤市集──年輕人朝聖的古物市集

相較於歷史悠久的弘法市集，2019年才開辦的新興市集──平安跳蚤市集（平安蚤の市）顯得年輕許多，規模也小得多。跳蚤市集的核心理念是環保再利用，由販售北歐古道具與生活餐具等的古物店「soil」老闆發起，集結了京都本地以及來自東京、名古屋、滋賀等地的古玩、骨董、二手衣物、陶藝作品與手作點心等100個以上的攤位，每個月的10日前後於平安神宮前的岡崎公園舉行。

統稱為岡崎公園的這一區，是京都市的藝文活動重鎮。除了平安神宮，區內有京瓷美術館、國立近代美術館、京都府立圖書館、京都會館、京都市動物園等等。並且鄰近南禪寺、永觀堂等知名景點，周邊人氣餐廳、麵店與咖啡廳林立，很適合旅人把逛平安跳蚤市集、參拜寺院或參觀美術館、享受美食規劃成一天的行程。

info

平安跳蚤市集

地址｜每個月在 10 日前後舉行
時間｜ 09:00~16:00
地點｜岡崎公園 平安神宮前廣場
規模｜ 100 攤以上
網址｜ www.heiannominoichi.jp
I G ｜ theiannominoichi

NOTICE

市集舉辦時間

每個月大約在10日前後舉行，例如2023年12月5日、2024年1月10日等等，詳情請上官網查詢。

物品與人也是緣分的相遇

攤位數雖然不多，但種類豐富且充滿個性，我每次都很享受在市集上遇見氣味相投的同好以及邂逅「只此一件」的那種怦然心動的時刻。那是有獨到審美眼光或是懷抱某種理想與夢想的店主精選出來的商品，跨越了國境與語言的距離，等待著有緣人的到來。從昭和時代的懷舊玩具、日本傳統工藝品像是東北地區的木芥子娃娃、美濃燒或有田燒等日本製小碟子(豆皿)，再到可體驗北歐居家生活美感的杯盤、家飾品等等，都讓我停下腳步享受尋寶的樂趣。

集結各地年輕人的小市集

到這裡擺攤的老闆們以年輕世代居多，平易近人又能以英語交談，很容易就和各地來的客人聊開來。如果有機會與老闆攀談，有時候還能聽到一些商品以外的有趣的小故事呢！而且有的攤位是直接在草坪上鋪一塊布、擺上10來件骨董銀器就做起生意來。這種不拘小節、自在的氛圍是平安跳蚤市集的一大特色。還有不少販售手作麵包、手沖咖啡、輕食的攤位和餐車，加上岡崎公園廣場相當寬闊，是個逛起來舒服、不容易感到累的市集。這邊也提醒大家，記得自備購物袋才符合跳蚤市集的環保精神喔！

值得一提的是，在平安跳蚤市的同一天也會舉行演奏會，會場就在公園旁的蔦屋書店與星巴克咖啡北側的「平安音樂廣場」。

DON'T
LOOK BACK
eros

京都的京風特色美食

提到京都的美食，具代表性的有懷石料理、抹茶、和菓子、湯豆腐、豆皮（湯葉yuba）、生麩、醬菜（漬物）、鯡魚蕎麥麵（にしんそば）、烏龍麵等等，其中又以京懷石、京豆腐、京漬物、京烏龍麵等等更有所謂的「京風」特色。

什麼是京都風？簡單說就是味道淡薄，口感纖細柔和。京都自成一格的飲食風味，最主要的影響關鍵在於水質。接下來為大家依序介紹京都的豆腐、醬菜以及高湯文化。

京豆腐

豆腐——奈良時代傳入的名物

好水釀造出好豆腐，而京都的豆腐稱為「京豆腐」。

日本人開始吃豆腐，是奈良時代從古代中國傳入。當時豆腐是高價食材，只有朝廷與貴族可享用，並做為寺院神社供奉神祇用。到了鎌倉時代，京都盛行禪宗文化，倡導禁食葷食，於是豆腐成為僧侶們攝取蛋白質的重要來源。寺院內的齋食稱為精進料理，京都的豆腐文化隨著寺院的發展而逐漸興盛。

日本知名陶藝家、畫家同時也是美食家北大路魯山人曾說過，「京都自古以來就以水知名，因而京都才能以美味的豆腐聞名。豆腐本身好吃的話，只要淋上生醬油就很好吃。」（出自《和日本文豪一起吃飯：京豆腐、握壽司、昭和啤酒還有紅豆湯……》中文譯本中，由北大路魯山人撰寫的「美味豆腐談」篇。）

不靠海的京都市，水資源豐沛，河水、湧泉水、地下水等水源，孕育出千年文化。製作豆腐少不了水，京都的地下水最大的特徵是硬度低、鐵份含量低，用這樣的軟水做出來的豆腐口感特別圓潤滑嫩。

京豆腐的種類五花八門且豆腐專賣店、料理名店到處林立，許多人在品嘗過京都的豆腐後，總會感到驚訝！發出「怎麼這麼好吃？」「真的跟其他地方的豆腐不一樣！」這類的讚嘆。以最常見的絹豆腐來說，柔軟細緻又富光澤，口感極佳，淋上醬油撒點蔥花就是一道簡單可口的開胃小菜；而較厚實的木棉豆腐或是所謂的鍋豆腐，則非常適合用來做湯豆腐以及火鍋料理，湯豆腐套餐多年來始終名列京都美食的TOP 10榜單上。另外還有生豆皮（日文是生湯葉namayuba），濃郁的大豆香氣和獨特的軟嫩口感，淋上醬油或加一點七味粉之類的辛香料更添層次感。

總之，來到京都請務必品嘗京豆腐料理。除了觀光客趨之若鶩的名店「總本家湯豆腐奧丹」、「南禪寺順正」……等等之外，其實在地人更常去的是平價又美味的手工豆腐專賣店。以下就為大家一一介紹。

嵯峨豆腐森嘉

料理名店指定的百年豆腐

❶

山光水色秀麗的嵐山是京都代表性的觀光勝地，到嵐山品嘗湯豆腐是許多美食家造訪京都時的重點行程。嵐山地區的米其林星級日料名店像是「吉兆」、「熊彥」，以及旅遊書上經常被提及的湯豆腐名店「湯豆腐嵯峨野」、天龍寺境內的「西山草堂」，以及位在渡月橋畔，榮獲「義式冰淇淋國際大會」季軍的「新八茶屋」的豆腐口味冰淇淋，他們的豆腐其實都來自豆腐老店「嵯峨豆腐森嘉」。

日本大文豪與庶民都愛

創業於江戶時代安政時期（19世紀）的嵯峨豆腐森嘉，位於嵐山的清涼寺旁，是典型的B to B企業，一百多年來為嵐山當地的寺院與各大料理名店提供豆腐，不過一般民眾也能直接上門選購，零售項目包括嵯峨豆腐、什錦炸豆腐丸子（日文稱為ひろうす，漢字是飛龍頭）、炸豆皮（油あげ）、鮮榨豆漿等等。在市區內的百貨公司超市也買得到。

森嘉的豆腐以精心挑選的大豆、純淨的泉水以及做為凝固劑的食用石膏硫酸鈣製成，最大的特色是質地非常柔軟，但形狀卻不容易因長時間燉煮而崩壞；豆香清香甘美，口感細膩嫩滑。日本大文豪川端康成在他的代表作之一《古都》中（後來也拍成電影，由松雪泰子、橋本愛主演）就出現過這樣的橋段，女兒千重子買了森嘉的豆腐去探望在嵐山嵯峨某間尼姑庵中，思考和服腰帶草圖的父親。自此森嘉豆腐與京豆腐幾乎是畫上等號，也更加聲名大噪了。

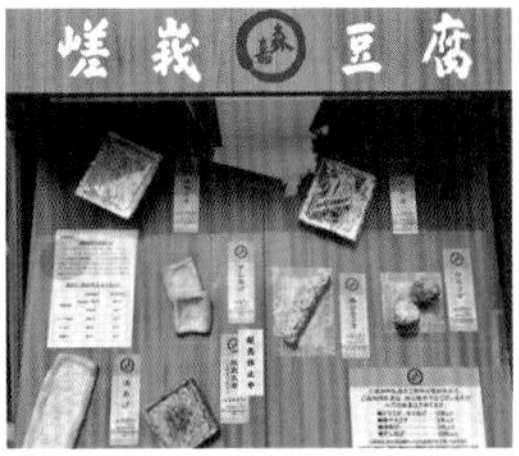

info

嵯峨豆腐森嘉

地址｜京都市右京区嵯峨釈迦堂藤ノ木町 42 番地
電話｜ 075-872-3955
時間｜週一～日 09:00 ～ 17:00
公休｜通常是週三（若遇到國定假日則營業，詳情請上官網查詢）
網址｜ sagatofu-morika.co.jp

外帶回家調味才是行家吃法

最後要提醒大家，嵯峨豆腐森嘉的各種手工豆腐主要顧客是在地人，大家幾乎都是早上來買回家烹煮用，並不是觀光客導向的商品，除了瓶裝豆漿現買現喝真的很棒。其他包括炸豆皮、什錦炸豆腐丸子等，並不推薦在購買後就坐在店門口直接吃，想要品嘗箇中美味是需要下點功夫的！建議外帶回到飯店客房內，取出炸豆皮放到餐具上，以醬油或七味粉加以調味，或再佐以便利商店買的即席杯麵、錦市場買回的各式小菜等等，才是行家吃法喔！

然而出國旅行一趟，有時候並不想這麼麻煩，我懂。那麼就到上述提過的湯豆腐名店，慢慢享受森嘉豆腐的樸實美味以及店家的殷殷款待吧！

1.我最常買豆腐和豆漿回家吃／2.店門口經常聚集在地人與慕名而來的觀光客

豐受茶屋(とようけ茶屋)

享譽全日本的豆腐蓋飯

1

位在北野天滿宮附近的「京豆腐豐受屋山本」(京豆腐とようけ屋山本)，自西元1897年創業以來，就以口感綿密細緻、豆香豐厚、滋味濃醇的各式手工豆腐聞名。一直到了平成時代初期，才在北野天滿宮的眾多參拜客的期望下，開設了豆腐料理專門店「豐受茶屋」(とようけ茶屋，toyoukechaya)，店名「豐受」的由來是「接『受』五穀『豐』收的恩惠」。目前傳到第四代。

這裡只供應午餐，營業時間還沒到就會出現排隊人潮，尤其是秋冬兩季和早春梅花盛開時期，通常需要等半小時至1小時才能入座用餐，而排隊是值得的。

價格親民的豆腐蓋飯、湯豆腐套餐

「豐受茶屋」不以高級感為賣點，餐點定價十分親民。其中以豐受豆腐蓋飯(とようけ丼)、生豆皮蓋飯(生ゆば丼)最受歡迎，培養出超多的回頭客。雖是蓋飯，同時會附上2到3樣小菜與湯品，小菜十分可口，餐具的選用也很用心。入座點餐之後，店員會先送上一碟口感柔滑且滋味香甜的豆腐花(寄せ豆腐)做為開胃小點。

這份以店名命名的豆腐蓋飯，想當然爾就是招牌菜單，使用了兩種不同口感的豆腐：柔滑細嫩的絹豆腐與滷煮入味的豆皮，還有甜鹹有味的香菇切絲以及京都代表性的品牌蔬菜九條蔥，並以香氣獨特的七味粉增添風味，成就了一碗層次豐富的豆腐蓋飯。

除了蓋飯類，屬於高檔料理的湯豆腐套餐，在這裡也能以不到1,500日圓的親民價格飽餐一頓。這套湯豆腐

info

とようけ茶屋（toyouke 豐受茶屋）

地址｜京都市上京区今出川通御前西入紙屋川町 822
電話｜075-462-3662
時間｜茶屋週一～日 11:00 ～ 14:30（最後點餐時間是 14:00），1 樓外賣則是 09:00 ～ 17:30
公休｜通常是週三、週四（若遇到 25 日則營業，詳情請上官網查詢）
網址｜www.toyoukeya.co.jp/shiten.htm

膳有一鍋以鴨兒芹、依照季節變化的梅花或楓葉狀的麵筋相襯的湯豆腐，以及原味生豆腐皮、丹波黑豆生豆腐皮、什錦炸豆腐（日文稱為飛龍頭）、小菜、醬菜、白飯等等，飯後甜點則是豆腐優格。如此豐盛美味的豆腐套餐，吃了很有飽足感卻不會增加腸胃負擔，而且精緻程度也完全不輸其他湯豆腐名店，非常推薦。

豆腐豆漿優格應有盡有

在茶屋吃完豆腐蓋飯後，我通常都會順道在一樓買幾份手工豆腐或是豆漿、豆乳優格這類的健康甜品回家吃。無論是適合涼拌用的絹豆腐、煮湯或做壽喜燒都很棒的木棉豆腐，也喜歡用油豆腐、什錦炸豆腐來做一鍋自家流的關東煮，健康美味好滿足。他們家每天現做的豆漿口感彷彿鮮奶油般濃稠，非常滑順細膩，與一般市售豆漿大不同。喜歡豆漿的朋友也請務必試試。

1.該店招牌菜單是豆腐蓋飯／2.滋味香甜的豆腐花很爽口開胃／3.豐盛美味且價位親民的湯豆腐膳／4.店鋪1樓販售各式手工豆腐

4

2

3

延伸閱讀

京都的水之文化

京都市雖然不靠海，卻是不折不扣的水之都，擁有豐沛的水資源，除了山泉水、地下水，還有兩大一級河川——鴨川與桂川，孕育出超越千年的京文化。

京都盆地三面環山，從山脈湧出的泉水源源不絕，而且地底下也有豐富水源。京都的地下水終年水溫穩定、不含次氯酸鈣等消毒成分，清澈無臭無味。京都老字號的的豆腐店、漬物、日本酒、和菓子、蕎麥麵等等，至今依然堅持使用地下水製造商品。京都的水屬軟水，硬度約為40；而東京的自來水硬度則約60。根據京都多位資深料理人指出，即使同樣的食材，用京都的水做成的菜餚，味道就是不一樣。尤其在熬煮高湯、製作和菓子時有明顯的差別。

鴨川與桂川

京都是一座親水的城市，

1.鴨川三角洲附近的烏龜跳石／2.用「醒井」水製作的和菓子很美味／3.嵐山渡月橋與桂川

賀茂川與高野川在賀茂大橋附近匯流後，以南便稱為鴨川。貫穿市中心的鴨川，自古以來與京都人的生活緊密相關。一年四季，在地人沿著鴨川慢跑、騎腳踏車、散步、遛狗、練習樂器、練舞、看書、野餐或約會談心，鴨川其實不是觀光景點也不是打卡聖地，而是京都人的日常生活的一部分。

和鴨川同樣屬於一級河川的桂川，或許對外國觀光客而言知名度不如鴨川。全長114公里，從左京一路蜿蜒到嵐山後，向南與宇治川合流。如果說鴨川是庶民的河川，那桂川則因皇室貴族的加持而多了一份貴氣。自平安時代以來，桂川即是歷代天皇乘船遊玩的河川。

認識京都三名水

在京都有許多被譽為名水的水井，其中最有指標性的「京都三名水」，指的是梨木神社境內的「染井」、京都御所境內的「縣井」以及遭到掩埋的「佐女牛井」。

目前唯一可飲用的三名水只剩下「染井」，至今仍受到京都各大高級料亭、茶道家以及在地居民愛用。在本書的神社與咖啡章節中，有詳細介紹染井。

「縣井」曾是明治天皇的皇后一條美子出生時的洗澡水(日文稱為産湯)，曾一度枯竭後來雖又挖鑿出井水，然而水質被偵測為不宜生飲而近乎荒廢。「佐女牛井」則在二次大戰期間為了拓寬堀川通遭到掩埋，後來和菓子老店「龜屋良長」在本店的位址附近挖掘出同樣水源的地下水，命名為「醒井」；目前依然是該店製作和菓子時不可或缺的水源。

淨化的力量

日本人自古以來相信水擁有特別的力量，其中最重要的是驅邪淨化。在神社佛寺設置的水手舍，目的就是讓人們先清潔手、口後再入內參拜神佛。

京漬物

醬菜——不可或缺的保存食材

醬菜(漬物 tsukemono)在日本由來已久,是自奈良時代以來就有的保存食物。到了平安時代,醬菜成為宮中宴席與傳統儀式中不可或缺的菜餚,屬於高級品。京都因為有豐沛的地下水資源,種出來的蔬菜品質特佳,加上自古以來食物保存技術極好,因此發展出獨特的醬菜文化,「京漬物」成為京都代表性的傳統產業之一。

茶道文化讓醬菜普及化

在戰國時代,方便攜帶又有營養價值的梅干,是武士作戰時不可缺的糧食之一。後來隨著禪宗在日本發展,寺院為了推廣精進料理,蔬菜的栽培也跟著興盛。再加上武士間盛行茶道文化,當時的茶道有一汁三菜,又深化了醃漬蔬菜的需求。從此醬菜不再高不可攀,變成了深入民間的庶民化菜餚。到了江戶時代,可說是醬菜的全盛期,白飯配醬菜的飲食文化自此定型。

京都三大醬菜的身世顯赫

京都的傳統與季節性醬菜種類之多,讓人歎為觀止。其中又有所謂的「三大」醬菜,分別使用京都在地的3種傳統蔬菜醃製而成,一是茄子和紅紫蘇葉的柴漬(或稱為紫葉漬,日文為「しば漬け」shibaduke),二是把聖護院蕪菁切成超薄的片狀醃漬而成的千枚漬,三是把酸莖菜用傳統製法利用乳酸菌發酵而成的酸莖漬(日文為「すぐき漬」sugukiduke)。

這三大醬菜都是發酵漬物而且與日本皇室或貴族有關。原本酸莖漬是上流階層才吃得到的奢侈品,而千枚漬則是宮中御廚為了孝明天皇而特製的,柴漬則是日本皇后建禮門院(平清盛的女兒平德子)晚年在大原隱居時,嘗到了鄰里贈送的漬物,心生歡喜而命名的。

京都三大醬菜的身世雖然顯赫,如今人人都吃得起了。京都的醬菜老店、名店非常多且各有千秋,以下是兩家知名品牌的醬菜新商品和新吃法,同時特別推薦一家沒預約可能吃不到的人氣居酒屋 isoism,菜單與酒單設計是以季節性的醃漬蔬菜為主,或許會顛覆你對醬菜的原有看法!

西利

成立研究所推廣健康漬物

經常來京都旅行的你，對「西利」這個品牌應該不陌生。昭和15年創業的西利，本店位在西本願寺對面，並且在觀光客必去的祇園、清水寺、嵐山與錦市場等地都設有分店。一年四季以新鮮蔬菜製成的醬菜種類琳瑯滿目，不只是在地人日常三餐配飯時的好選擇，也是逢年過節餽贈親友或是當作伴手禮的人氣商品。其中最受歡迎的是曾經獲獎的千枚漬，一片片非常薄透，水潤甘甜又爽口，怎麼吃也不會膩。

推廣健康醬菜概念

近年來西利致力推廣「健康醬菜」概念，除了傳統醬菜品牌「京漬物西利」，也發展出「AMACO」、「發酵生活」、「酵房西利」等副品牌。「AMACO」是乳酸菌發酵的甜點麵包系列，「發酵生活」是以調味醬與即席湯品為主，「酵房西利」則是活用發酵技術做成各種抹醬、香鬆和西京漬魚。其中以年資最淺的「AMACO」最受日本食品界與消費者矚目，畢竟醬菜名店跨足烘焙業本來就話題性十足。

成立研究所，跨足烘焙業

西利在2017年設立了「京都發酵食研究所」，做為品牌「發酵生活」的後盾。接著在酸莖漬當中發現了名為乳桿菌(日文稱為ラブレ，英文是Lactobacillus brevis)的植物乳酸菌，這種乳酸菌對於改善腸道健康以及增強免疫力能夠起良好作用。並且結合米與麴菌做成乳酸發酵甘麴「AMACO」，以此兩大「武器」跨足烘焙業，推出柔軟彈潤、美味又營養的甘麴熟成吐司、甘麴黑豆磅蛋糕等

info

AMACO CAFÉ by 京つけもの西利（京漬物西利）

地址｜京都市中京區蛸藥師通河原町東入備前島町 310-2 立誠 Garden Hulic 京都 1F
電話｜075-746-3123
時間｜週一～日 10:00 ～ 18:00
網址｜www.nishiri.co.jp
I G｜hakkoseikatsu_nishiri

1.西利把醬菜做成了醬菜壽司，菜色會隨季節變化／2.每天現做的AMACO甘麴飲料有草莓、蜜柑等口味／3.「AMACO」甘麴吐司抹醬有覆盆莓巧克力與白巧克力等選擇／4.甘麴熟成吐司等西點系列一推出就備受矚目

等。他們的招牌麵包「甘麴熟成吐司」一推出就引起各大媒體關注、報導，曾經颳起一陣必須預訂才吃得到的旋風。隨著消費者的健康意識抬頭，加上甘麴熟成吐司的美味有口皆碑，即使鋒頭過了，目前仍是西利的熱銷商品。

各式健康美味的萬用抹醬

值得注意的還有各種口味以及用途廣泛的抹醬，完全不添加化學調味料。以奈良漬和奶油起司做成山椒、柚子、黑胡椒口味的抹醬，滋味濃厚芳醇但不膩口，塗抹在蘇打餅乾上就是很開胃的小鹹點，和小黃瓜蘿蔔等蔬菜棒也是完美搭配。另外像是米糠果凍式抹醬(ぬかジュレ)、白味噌美乃滋(味噌マヨマヨ)，既能增添烤魚的風味，用來搭配烤蔬菜也很完美，是家中常備佐料的好選擇。同時也推薦他們家的吐司專用甘麴抹醬以及甘麴霜淇淋，滿足口腹之慾的同時也顧及了健康。

土井

追求讓食材發揮自然的風味

在京都，提到三大醬菜之一「柴漬」，多數人最先聯想到的品牌就是「土井志ば漬本舖」。先來快速認識柴漬，是以茄子和小黃瓜等蔬菜為主，加入紫蘇葉鹽漬發酵的紫色系醬菜。再來談談店名，日文「志ば漬」的發音shibaduke與柴漬相同，土井的創辦人土井清太郎堅持使用漢字「志」，有勉勵自己「懷抱大志做好漬物」之意。

遵循傳統製法自然發酵

明治34年（西元1901年）創業的土井，本店位在京都北方的大原地區，本店後方有一大片紫蘇田，種植的是原生種紅紫蘇；特色是葉子柔軟、香氣馥郁。這是土井為了守護原生種的紅紫蘇而有計畫地保留並栽植的自有農地。一百多年來備受在地人喜愛的土井，美味祕訣在於嚴選材料並遵循傳統製法，完全不使用化學調味，費時費工只為給顧客最佳品質的醬菜。

他們與茄子農家契約合作，將最新鮮的茄子加入鹽、自家栽植的紅紫蘇葉，放進醃漬專用的大木桶中，木桶蓋上放上數顆大石頭進行均等加壓以排除水分。大約費時一個月進行自然發酵，在這個過程中茄子的鮮味被凝結，口感變得飽滿豐盈。再經由曬乾與熟成，引出食材原本的好滋味，成就了土井的代表作——柴漬。

價格親民的午餐首選餐廳

土井的社長為了推廣柴漬，在大原地區的本店以及京都車站分店都設有餐廳「竈炊き立ちごはん土井」，以定食方式供應，包括用京都特色味噌——西京味噌入味的

info

竈炊き立ちごはん土井京都大原本店（土井志ば漬本舗本店內）

地址｜京都市左京区大原八瀬花尻町 41
電話｜075-744-2311
時間｜週一～日 10:00 ～ 17:00（最後點餐時間 15:00）
公休｜週三
網址｜www.doishibazuke.co.jp
I G｜doishibazuke

烤魚、把醬菜做成天婦羅拼盤等特色定食。

值得一提的是白飯是用京都產的越光米，以傳統的大竈鍋炊煮而成，而且可免費續碗。在餐廳外排隊等候時即可看到大竈鍋炊煙裊裊、氤出米飯香氣。除了白飯可口，多數顧客是為了這裡的自助式醬菜與沙拉吧而來。是的，到醬菜老店吃飯就是要享受點餐附贈的醬菜吃到飽啊！十多種季節性的醬菜、沙拉、小菜任你吃到飽，新鮮美味又開胃，即使胃口不大的我，每次到土井吃飯總是能順利完食，滿足又飽足。

最後提醒大家，由於土井的定食內容豐富，營養可口而且價格親民，加上本店所在地是觀光客到訪大原三千院等觀光名勝後吃午飯的首選，因此每到用餐時間尤其是周末假日大排長龍是必然現象。不想大老遠到了大原還要久候的人，不妨就近在京都車站八條口的土井餐廳用餐。然而也不排除需要排隊，不過因為是車站，餐桌周轉率較高。

1.自助式醬菜吧大受歡迎／2.到土井志ば漬本鋪大原本店時別忘了來支紅紫蘇霜淇淋／3.土井大原本店賣場／4.西京漬烤豬里肌肉定食，非常軟嫩香醇

漬け野菜 isoism

高人氣的時尚蔬食餐廳

❶

京都車站周邊有許多居酒屋，但是「漬け野菜 isoism」卻是如此特別！店面外觀清新又時髦，乍看完全無法與居酒屋做直接聯想；而菜單與酒單設計更是健康取向，以季節性的醃漬蔬菜為主，2016年一開店就大受好評，至今依然高人氣時常客滿，建議要事前預約。

理念標榜從自家菜園到餐桌

isoism是「五十家」餐飲集團旗下的一員，該集團標榜「Farm to Table從菜園到餐桌」，就像近年來大家較熟悉的「Bean to Bar從可可豆到巧克力」的概念，五十家餐飲集團投入生產鏈的最源頭，在京都向日市、西山大原野以及水質良好的伏見向島地區設立了自家菜園「ISO FARM」，從栽種蔬菜開始，並與附近農家合作，每天早上採收最新鮮的蔬果運送到集團的各店鋪，以米糠、味噌、酒粕與醬油等浸漬、發酵。雖是醬菜，但仍保有水潤鮮嫩色澤。並輔以嶄新的料理方式，拓展了醬菜的可能性。

令人驚艷的醬菜拼盤組合

isoism 1樓有吧檯與高椅背座位區，吧檯內是開放式廚房，現點現做的烤蔬菜香氣四溢。店員們活潑親切，讓人一踏進店內就感到放鬆愉快，即使獨自一人也絲毫不覺得彆扭。推薦大家點3種醬菜拼盤，一是生薑醬油芝麻菜佐鰹魚半敲燒、二是芝麻味噌醃漬牛蒡佐冷盤口水雞，三是山葵山藥拌川燙吻仔魚，以當令的蔬菜搭配魚肉或雞肉，視覺到味覺都令人驚艷！連我這樣一個吃遍京都各大知名醬菜的人也

info

漬け野菜 isoism

地址｜京都市下京区七条通烏丸西入中居町 114
電話｜ 075-353-5016
時間｜週一～日 午餐 11:30 ～ 15:00 晚餐 17:00 ～ 23:00（最後點餐時間 22:00）
公休｜不定休
網址｜ isoism.isozumi.jp
I　G｜ isoism0715

1.第一推薦「3種醬菜拼盤」／2.白酒醃漬番茄佐生豆皮，非常好吃又開胃／3.右邊這杯即是香蕉高球，酒杯上的LOGO很可愛

不禁讚嘆！而且菜色組合會隨季節變化，料理人的創作巧思與食材的鮮美盡在其中。

水果與藥草香料系調酒清新順口

既然是居酒屋，isoism的酒類飲料當然也是琳瑯滿目。五十家原創精釀啤酒、備受女性顧客喜愛的水果與藥草香料系調酒、各種創作雞尾酒、日本酒、燒酎、威士忌、葡萄酒等應有盡有。像柚子醋沙瓦、香蕉高球(Highball)、醃漬香草琴通寧、以日本酒取代蘭姆酒為基底調製的Mojito雞尾酒等等，是正在努力學習日本酒的我覺得清爽好喝，與蔬菜或肉類料理都能搭的餐中酒，特別推薦給喜歡小酌的人。

京玉子燒

關西獨創的玉子燒

日本人很愛吃蛋，在白飯上加顆生蛋、淋上醬油就可吃得津津有味！然而在所有雞蛋料理中，他們最愛的就是玉子燒。玉子燒是日本的國民美食代表之一，經常出現在便當配菜中。這道雞蛋料理同時也很上得了檯面，舉凡高級日本料亭、板前壽司名店，他們的明星招牌菜之一就是獨創的玉子燒。

加入高湯的關西風玉子燒

而且玉子燒也有分關東與關西地區不同口味，關東版玉子燒的蛋汁是用鰹魚高湯、料理用酒、醬油和砂糖調味，煎蛋表面還要有微焦色，口感較扎實；關西人尤其是京都人，比較重視雞蛋本來的風味，刻意減少調味料，而以鰹魚、昆布等熬製而成的高湯去調味，而且是用細長型的煎蛋鍋煎出薄薄的蛋皮，反覆層層翻捲、交疊而成。這樣子做出來的玉子燒非常軟嫩多汁而且不甜，關西人稱之為高湯煎蛋捲(日文是だし卷dashimaki)。在《深夜食堂》第一集中就曾出現過「玉子燒就是要吃甜的啊！鹹的那個叫做高湯煎蛋捲」的橋段。

雖然京都的高湯煎蛋捲放涼了也好吃，但我個人還是偏好趁熱吃，蓬鬆軟嫩又多汁的口感單吃就是銷魂好滋味，搭配白蘿蔔泥一起品嘗更加鮮美有層次。

關西人只愛高湯煎蛋捲

高湯是日本料理中不可或缺的重要元素，且京都料理講究「真味只是淡」，高湯是用來提味，突顯食材原本的風味。所以在關西長大的人到了東京求學或工作，吃到甜甜的煎蛋捲都會大感驚訝。順便提醒大家，請不要在京都人面前說我喜歡吃「京風」煎蛋捲更勝於關東的，京都人聽了並不會感到高興。對京都人而言，煎蛋捲只有一種，就是從小吃到大，用高湯做出來的蛋捲啊。他們搞不懂為何媒體或觀光客要在食物名稱之前放上「京風」兩個字？

在京都，無論是居酒屋、懷石料亭、專賣店都吃得到高湯煎蛋捲，還有以高湯煎蛋捲三明治享譽全日本的咖啡廳，接下來為大家詳細介紹到京都旅行時不吃不可的高湯煎蛋捲名店。

三木雞卵

高湯蛋捲排隊名店

❶

在京都眾多的高湯蛋捲專賣店中，最聲名遠播的就是錦市場內的三木雞卵，不只是海內外觀光客點名要吃的京都美食，也深受在地人喜愛，時常大排長龍。

昭和3年（西元1928年）創業的三木雞卵，第一代最初是在乾物屋（類似台灣的南北貨）工作，後來才在錦市場成立高湯蛋捲專賣店同時也販售高品質的新鮮雞蛋，目前傳到第三代。好吃的祕訣在於嚴選雞蛋，並以柴魚、北海道利尻昆布熬製成高湯，加上職人們的純熟手藝，做出來的高湯蛋捲色香味與形狀皆美。口味選擇也多，有原味、九條蔥或豪華的蒲燒鰻魚以及綜合口味（菜單原名是かやく，有蟹肉、香菇、紅蘿蔔配料）等等，其中還是以原味最受歡迎。

到姊妹店「三木雞卵堂」吃雞蛋布丁

第三代不只守護爺爺傳下來的高湯蛋捲事業，也積極開發新商品，把雞蛋的營養與美味價值繼續延伸。在2022年春天，甜點三明治專門店「三木雞卵堂」開幕，位置就在三木雞卵本店走幾步路拐個彎就到的距離。

店鋪以白色與紅色調裝潢，就像是在歐洲常見的販售餅乾糖果的小店面，明亮簡潔又可愛。梅花形狀的商標圖案是三木的家紋。販售高湯蛋捲三明治（週末與國定假日限定）、雞蛋布丁、可麗露、費南雪以及保存期限較長、適合當伴手禮的葡萄乾奶油夾心餅乾等商品，使用特選的雞蛋與自家調配的小麥粉做成。

info

三木雞卵

地址｜京都市中京区富小路錦西入ル東魚屋町 182
電話｜ 075-221-1585
時間｜週一～日 09:00 ～ 17:00
網址｜ mikikeiran.com

info

三木雞卵堂

地址｜京都市中京区富小路通錦小路上ル高宮町 588
電話｜ 075-221-3335
時間｜週三～日 11:00 ～ 16:00
公休｜週一、週二
I G ｜ mikikeirando

店內提供座位，可坐著慢慢享用

店內設有座位，也販售咖啡、紅茶、果汁等飲料。他們家的高湯蛋捲三明治有兩種，一種是吐司另一種則是小型漢堡包，名為丸maru，意思是圓形。不想吃甜點的人也可以在三木雞卵本店買一份高湯蛋捲，帶到三木雞卵堂內用，而且不需要再加點任何飲料或甜點。這一點值得大大稱許，由於錦市場在疫情後湧入太多的觀光客，加上規定民眾只能站在店家門口吃，讓原本就狹窄的市場通道變得更寸步難行，想要安心進食的難度變高。因此三木雞卵堂大開方便之門，能夠做出這樣柔軟的權宜對策的京都老店，說真的並不常見。

在這個機器大量生產、AI人工智慧取代人類的時代，京都還是有一群人日復一日堅持以手工製作好產品。而且這些傳承百年的老店在維護傳統價值的同時，也勇於創新，與時俱進。我在三木雞卵堂吃著香滑軟嫩的雞蛋布丁時有感而發，感謝與敬佩之情滿溢。

1.到三木雞卵買蛋捲回家吃／2.三木雞卵堂店內設有座位／3.在三木雞卵堂內用雞蛋布丁／4.三木雞卵的雞蛋漢堡

喫茶マドラグ

寫下傳奇的極厚雞蛋三明治

❶

在京都乃至於全日本，喫茶マドラグ（以下用法文 LA MADRAGUE 稱之）與厚玉子燒三明治幾乎畫上等號，是喜歡雞蛋三明治以及喜愛京都喫茶店氛圍的咖啡迷們不能錯過的咖啡館。店名是以60年代著名的法國女星碧姬芭（Brigitte Bardot）在南法的別墅名稱來命名，當年碧姬芭杜曾說過「每當對大都市生活和拍片感到疲倦時，就想回MADRAGUE。」因此，將LA MADRAGUE 做為喫茶店的店名，意思再明顯不過了，就是希望這裡成為一處放鬆休憩用餐的空間。

雞蛋三明治的故事

LA MADRAGUE開業以來讓人津津樂道的，就是把京都兩家已經歇業的老店的精神延續下來。一是名為seven（日文是セブン）的喫茶店，另一家是西餐廳科羅納（コロナ）。

時間倒回2011年，老闆山崎三四郎裕宗（以下簡稱為山崎桑）當時從事京都街區再生相關工作。某日他與seven咖啡店老闆的兒子相逢，當時兒子也正在找尋父親去世後留下的店面的後續商機，雙方一拍即合。於是就在seven 咖啡店的原址開了LA MADRAGUE，這就是為什麼MADRAGUE的店門外至今依然掛著 seven 店招的原因。

故事傳開後，舊雨新知不斷上門，LA MADRAGUE 漸漸小有名氣。不久之後雜誌《音讀》編輯對老闆說「既然 LA MADRAGUE 繼承了seven 喫茶店的店面和咖啡之味，希望你們也能把最近關閉的西餐廳『科羅納』的雞蛋三明治食譜傳續下來。」

說來有夠巧，山崎桑年輕

info

喫茶マドラグ本店（LA MADRAGUE）

地址｜京都市中京区押小路通西洞院東入北側
電話｜075-744-0067
時間｜週一～六 08:00～11:00、12:00～17:00
公休｜週日
網址｜madrague.info/index.html
I G｜@madrague_sanshiro

時期就常去「科羅納」用餐，於是認真學習科羅納雞蛋三明治的製作方法。除了努力保留原有的味道，並進行美化改良，成為進化版的科羅納厚燒雞蛋三明治。加了高湯調味、香軟多汁、厚度達8公分的雞蛋三明治，視覺效果驚人，滋味無窮。LA MADRAGUE一炮而紅，成為全日本知名的傳奇喫茶店。

鬆香滑嫩雞蛋三明治的獨門祕方

這個號稱全京都最厚的雞蛋三明治，就直接命名為科羅納雞蛋三明治（コロナの玉子サンド）。好吃的祕訣除了煎高湯蛋捲的技巧，嚴選食材與祕傳醬汁也是關鍵。

一份科羅納雞蛋三明治要用到4顆雞蛋以及等量的鮮奶、少許奶油，並加入昆布高湯提味，因此味道濃鮮芳醇，口感特別鬆軟滑嫩。夾雞蛋用的厚片吐司一片抹上以法國產的芥末醬與醋調和而成的特調美乃滋，另一片抹上祕傳的法式多蜜醬(demiglace sauce)。切成4塊，又厚又重，想一個人完食真的是高難度。達人級吃法是用刀劃開一半，分別享受美乃滋抹醬、法式多蜜醬與高湯蛋捲相結合的滋味。入口的，是鬆香滑嫩的雞蛋三明治，也是京都喫茶文化的傳承之味。

早餐時段也能吃到招牌雞蛋三明治

「想到你們家吃早餐！」走過了疫情險峻時期的LA MADRAGUE，終於順應了客人的心聲，於2023年5月起在本店提供早餐。如果是週末或觀光旺季前往，建議大家先預約就可免去排隊之苦。

除了本店之外，四條通上的藤井大丸百貨內也設有分店，交通方便，逛街後到此用餐的人潮絡繹不絕。

1.傳說中的科羅娜雞蛋三明治分量驚人／2.連續兩年在日本知名tabelog獲選為「喫茶百名店」／3.早餐A套餐非常豐盛美味

SOU·SOU 足袋
TABI
U·SOU 足袋
N DESIGN JAPAN MADE

京都傳統的時尚新美學

目前備受全球專業人士與廣大消費群眾肯定的各大made in Kyoto品牌，無論是電玩還是服飾、和菓子還是茶鋪，其實並不只是守成，更多的百年企業是選擇勇敢轉型，致力於傳統與創新的融合，在產品設計、包裝設計、平面設計與空間設計上不斷實現各種令人驚豔的「傳統X革新」。「傳統不是一成不變而是不斷革新。正因為新事物的誕生，更加深了守護傳統的堅定力量。」這句話很值得玩味。

❶

品味日常生活的新設計

❷

SOU SOU——日本新文化的設計品牌

京都不僅是代表日本傳統文化的古都，更是頻繁接觸海外新文化的國際都市。一身傲骨的京都人在守護傳統價值的同時，對新事物的觀察也很敏銳且勇於創新，誕生於京都的設計品牌SOU SOU可說是箇中翹楚。代表性的數字紋樣辨識度極高，近年來更是積極與台灣合作聯名商品，在台港擁有高知名度以及為數可觀的鐵粉。

風靡日本的新興設計品牌

由社長若林剛之、織品設計師脇阪克二與建築師辻村久三人在2002年共同創立的SOU SOU，2003年在東京開設了第一家店，隔年才回京都開了第二家店，2023年3月以舉辦大型特別展的方式慶祝品牌誕生20年。在京都，歷史超過200年的老鋪比比皆是，才剛滿20歲的SOU SOU到底是如何風靡日本海內外的？

獨樹一幟的和風新設計

SOU SOU的核心理念是「創造全新的日本文化」，品牌最大魅力是以獨樹一幟豐富多變的各式圖案設計為基準，將過去在日本人生活中扮演重要角色的和服、分趾襪、風呂敷、擦手巾等注入現代元素，並配合現代人的生活型態進行改良，製作出保留傳

4

3

1.這是2023年20周年慶會場一隅／2.與台灣聯名合作的悠遊卡（圖片提供：SOU SOU）／3.SOU SOU女裝（圖片提供：SOU SOU）／4.分趾鞋是SOU SOU的招牌產品（圖片提供：SOU SOU）／5.阿拉伯數字是SOU SOU最具代表性的設計圖案

統特色又適合現代生活的各式商品，由此誕生了最具代表性的招牌產品——分趾鞋（日文漢字是足袋）與分趾襪（足袋下），其中分趾鞋曾在2011年獲得法國舉辦的日本伴手禮大賽「COOL JAPAN部門」銅牌獎。從此之後，SOU SOU成為舉世聞名的「摩登和風」代表性品牌。

品牌設計的靈魂人物

品牌發音近似日語十數，意思是指國際通用的阿拉伯數字。同時也和日

文そうそう同音，意思是「對啊，就是這樣」，是日本人日常對話中經常出現的用語，用來表示認同。

用畫筆為SOU SOU揮灑出一片嶄新和風天地的靈魂人物，是現年已超70歲的脇阪克二先生。他年輕時曾在北歐與美國的居家生活品牌工作，返回日本後擔任SOU SOU的織物圖樣設

計師。他畫圖不打草稿，用色大膽活潑，童趣中洋溢著浪漫自在的情調，因而廣受各年齡層消費者喜愛。

此外，SOU SOU在商品顏色上也以日本傳統名稱來說明，比如「濡羽色」是亮黑色，「山吹色」是山吹花般的鮮黃色，無一不風雅別致。

豐富多樣的海內外聯名商品

SOU SOU的店鋪雖然位在繁華熱鬧的四條河原町商圈，但不在大馬路上而是小巷子裡。旗下九大產品線——足袋（鞋襪）、伊勢木棉（擦手巾、圍巾等）、著衣（和式女裝）、傾衣（和式男裝）、童裝、布袋（各種包包，含染織布料與家具家飾等）、Youso（洋裝）、Le Coq Sportif（運動休閒系列）、贈物（茶點）等都獨立成店，在路口設立指路牌，被SOU SOU迷們暱稱為「SOU SOU TOWN」。

SOU SOU自家的商品已經非常豐富，仍積極與海內外企業聯名合作，例如日本酒大廠「月桂冠」的清酒包裝，京都製菓老鋪「伊藤軒」的限定甜點，日本知名女性內衣品牌「華歌爾」的居家服，以及愛媛縣的今治毛巾、山形縣的天童木工家具等。跨國合作則有法國的時尚運動品牌公雞牌、台灣的統一超商、寶島眼鏡與大同電鍋等等，涵蓋範圍非常廣。

我對SOU SOU珍惜傳統文化且不斷創新的精神相當敬佩與欣賞，並對旗下各式各樣的摩登和風產品愛不釋手，算是重度喜愛者。或許你還對這些配色與圖樣都搶眼的摩登和服望而生畏，或是對分趾鞋、襪的舒適度抱持疑問，但只要來到SOU SOU，就能夠在形形色色的商品中找到適合自己的入門款，可能是側背包，也許是手機殼，慢慢喜歡上這個資歷還很年輕的京都潮牌。

3

1.SOU SOU 旗下產品線獨立成店／2.不收邊的擦手巾用途廣，當掛飾也很棒／3.與製菓老鋪聯名合作的甜點

info

SOU SOU

地址｜京都市中京区新京極通四条上ル中之町583-3

電話｜075-212-8005

時間｜11:00～20:00

網址｜www.sousou.co.jp

I G｜sousoukyoto

Whole Love Kyoto——兼容傳統與現代的創意設計

來到這座千年古都旅行，總會遇見許多設計精緻且具有「日本味道」、「made in Kyoto」的雜貨或紀念小物，令人愛不釋手。京都不是只有古色古香，更擅長在舊事物中發現新價值，用新思維賦予傳統工藝與文化新生命。推薦這個充滿創意的好設計——Hahao Shoes，我稱它為木屐帆布鞋。

最吸睛的新潮木屐帆布鞋

Whole Love Kyoto（以下簡稱WLK）

❶

❷

1.Old is New，傳統中見新意，就是好設計／2.2023 年推出 47 都道府縣限定款，讓年輕人當地傳統染織特色／3.這是 WLK最受歡迎的木屐帆布鞋款「GOJO」／4.2017 年由藝術大學學生設計的木屐帆布鞋已商品化

品牌核心理念是「Old is New」，其中最具代表性的商品就是「Hanao Shoes」，一系列的設計理念都來自日本傳統木屐和草履。

Hanao，日文漢字是「鼻緒」，是日本夾腳拖鞋上的人字型鞋帶。把日本傳統的木屐元素套在近代非常普及的帆布鞋上，變成一雙雙既有街頭潮流味道又保有濃厚和風韻味，甚至帶點幽默趣味的鞋履。實穿、好搭配且與眾不同，這樣的巧思，讓人驚艷！

不只外觀搶眼，在材質上也非常講究，而且蘊含了向職人優秀手作技術致敬的意義在內。創辦人希望藉此展現屬於京都特有的時尚魅力。

使用日本皇室御用品牌

Hanao Shoes的鞋帶是選自日本皇室御用品牌「菊之好」以及「平井商店」的職人之手，非機器大量製造，有素面與各種和風紋樣，非常別致可愛。鞋身則是白色帆布或黑色皮革等

材質，消費者可依個人喜好隨心所欲選擇搭配，而且是男女皆宜。

「京都人很擅長在傳統和風中注入西洋元素，當初設計這樣創意十足的木屐帆布鞋，目的是進軍國際市場嗎？」我問。

「不是呢，我們的出發點是希望國人尤其是年輕一輩的，在日常生活中能多多親近這些傳統的好東西，並且愛用。」WLK的品牌經理溝部小姐誠懇熱切地回答。她接著告訴我，最受歡迎的款式是以京都的路名GOJO（五条）命名，黑底或象牙白色的帆布鞋搭配鮮紅的日本山茶花（椿）圖案。

前所未見的燈籠棒球帽

不只木屐帆布鞋，WLK廣邀京都在地各領域的匠人，共同打造充滿時尚感而且是前所未見的各式商品。例如利用雕金技術並選用木材、金屬甚至石頭，手工打造出一根根精緻美麗的雕花冰淇淋匙，根本就是藝術品！

還有這頂乍看覺得超級勁爆的燈籠棒球帽「Chochin Cap」。Choshin是紙製燈籠（日文漢字是提灯）的羅馬拼音，在京都街頭尤其是五花街像是知名的花見小路與先斗町通上，許多店家門口都會掛著紅色或白色的提燈。把傳統的提燈設計成帽子，甚至還可以當作擺飾品，這樣的創意發想真是令人莞爾。

1

1.戴著這頂燈籠棒球帽上街絕對成為注目焦點

2.彷如藝術品的雕花冰淇淋匙

京都藝術大學與WLK

我與WLK木屐帆布鞋的初相遇，是在這所培育出無數傑出藝術創作家的京都藝術大學，那年春天我去看舞妓公演，一踏進校門就看到了一整面牆陳列著各種木屐帆布鞋，念念不忘。

而這一款款吸睛的木屐帆布鞋就是當年藝大學生的作品，「用新思維擁抱傳統」是他們的核心理念。當年的學生團隊成員之一，正是採訪當天為我親切解說商品誕生秘話以及設計理念的WLK品牌經理。

日本47都道府縣當地限定款

疫情過後，WLK也展開新計畫，在日本47都道府縣推出47款當地限定的木屐帆布鞋，希望藉此讓全國的年

輕人能夠接近、了解日本各地的傳統染織文化。

「京都限定」的鼻緒鞋，人字型鞋帶果然就是用了能代表京都工藝的西陣織。「東京限定」款則是江戶更紗，旅美職棒球員大谷翔平的出生地岩手縣的限定鼻緒鞋，則是以珍貴的「紫根染」做成。透過一款款美麗又獨特的人字型鞋帶紋樣，就能初步認識日本各地的染織特色。不能不佩服WLK的美學與文創力！下次你來京都，又多了一個選購摩登和風品牌商品的好去處囉！

info

Whole Love Kyoto/CHIMASKI studio

地址｜京都市左京区下田中東高原町 40
電話｜075-774-6152
時間｜11:00 ～ 19:00
網址｜wholelovekyoto.jp
I G｜wholelovekyoto

結合傳統與創新的時尚工藝

開化堂──擁有百年工藝的茶筒老鋪

在日本，「開化堂」是高品質手工製茶筒的代名詞。從丈量、切割到接合、打磨，超過了130道製作工序後誕生的茶筒，氣密性完美無缺，茶葉得以保持鮮度與香氣；其洗練優美的外型質感出眾，加上細緻觸感，讓它站上手工製茶筒的經典地位，同時成為京都具有代表性的時尚工藝之一。

優質茶筒的精細工藝

衡量一個好茶筒的標準在於蓋子與

筒身的接合是否零誤差。開化堂的每一個茶筒都具有取出茶葉後，只要將蓋子輕放在筒身上，就會自動逐漸下滑直到而與筒身完全閉合的特性。此外，茶筒的色澤會隨著使用者經年累月的觸摸而產生變化，散發出獨特的光輝與韻味。

積極展現茶筒工藝的新價值

創立於明治時代（西元1875年）的開化堂，目前傳承到第六代八木隆裕。原本是茶筒批發商，從第一代開始就不斷追求技術與材質的突破，一直深受茶商與愛茶人士的愛用。然而就像許多京都傳統產業的老鋪一樣，隨著時代與生活型態的變遷，也面臨了市場需求萎縮的課題。第六代當家不斷精進製作技術並活用自己的外語能力，以繼承人、職人與營銷員三重身分，積極拓展海外市場並不斷開發茶筒的新價值。從此開化堂的茶筒不只是裝茶葉的罐子，也有了收藏咖啡豆、香料、義大利麵條和點心糖果等的嶄新風貌。

1.開化堂咖啡館 2 樓的展售空間／2.開化堂咖啡館室內處處可體會工藝設計的美／3.開化堂咖啡罐系列／4.開化堂的義大利麵罐深受歐美客好評

傳承傳統技藝，不斷活化創新

不少京都的職人都曾說過「維護傳統不是一成不變，不斷創新就是傳統的一部分」。開化堂最初的茶筒，是用一整塊錫製作的，非常的重。後來日本進入文明開化時期，開化堂從英國引進了耐蝕性佳的鍍錫鋼片，手工製作出第一個輕便的茶筒且價格更便宜，因此大受歡迎。

用一杯咖啡的時間
體驗日本傳統工藝之美

邁入平成時代後的新嘗試，是將具有歷史意義的京都電車事務所改建成咖啡館，並結合「GO ON」職人們的作品，希望提供一處讓人能輕鬆使用京都傳統工藝的空間。

開化堂咖啡館的高挑空間、樸實內斂的水泥牆和地板以及溫潤的木質內裝，加上大面落地窗扉帶進屋外的綠意與自然光線，營造出舒適沉靜的氛圍。開化堂對細節的堅持也延伸到菜單和餐具上，咖啡豆來自八木隆裕的父親也就是開化堂的第五代所喜愛的「中川鱷魚」（Nakagawa Wani Coffee），咖啡杯出自有四百年歷史的知名「朝日燒」。綠茶來自宇治利招園同時也有倫敦與台灣的紅茶。值得一提的是，2023年起開化堂咖啡館也開始販售自家烘焙的咖啡豆，這是中川鱷魚傾囊傳授烘焙以及開化堂的專業表現結果。

1. 茶筒材質有銅、黃銅（真鍮）、鍍錫鋼片（錻力）3種，色澤會隨使用時間產生變化／2. 模仿茶筒形狀的「那須高原起司蛋糕」是店內的招牌甜點，木製器皿是「中川木工藝」特製，咖啡杯是「朝日燒」，竹製餐具是「公長齋小菅」出品

豆知識

新組織「GO ON」

2011年，京都發起一個新的組織「GO ON」，6位不同領域的老鋪的新生代掌門人懷抱共同願景，要把西陣織、茶罐、陶藝、木桶、竹編與金屬網勺六大傳統手工藝與現代生活做出完美的無縫接軌，兼具美觀與實用、耐用性。開化堂的第六代繼承人就是其中一位。

info

開化堂本店

地址｜京都市下京区河原町六条東入梅湊町 84-1
電話｜075-351-5801
時間｜09:00～18:00
公休｜週日、每月第二與第四個週一以及國定假日
網址｜www.kaikado.jp
I G｜kaikadocafe

店內2樓設有展售空間，可近距離欣賞、選購各式茶筒、咖啡罐以及菓子罐等等。在這裡，用一杯咖啡的時間，體驗京都工藝與開化堂的品味。

鳩居堂─擁有皇室獨家祕方製香的文具老鋪

喜愛日本明信片、卡片、傳統和紙、薰香的文青們，或是對書法頗有研究、精通文房四寶的朋友，對京都這家文具老店「鳩居堂」應該耳熟能詳。在京都，傳承數百年的製香老鋪不少，但是同時製香又製造文具的，只有鳩居堂一家。店內商品多達2,000種，品質出眾又具有季節感，多年來一直受到日本國內各年齡層的喜愛。

屋號來自《詩經》

鳩居堂的家紋是一對鴿子，屋號取

3. 鳩居堂的鬼瓦是一對鴿子／4. 本店的明信片琳瑯滿目／5. 書法家畫家愛用的毛筆

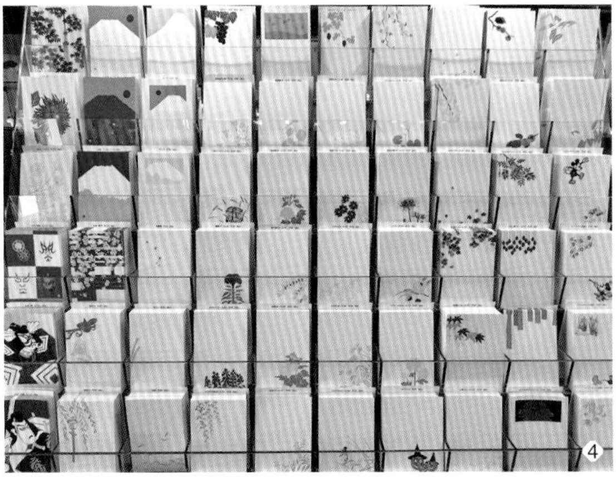

自《詩經》中的「維鵲有巢，維鳩居之」這一句。1663年在寺町通的現址以「藥種商」（意即買賣天然香木）創業，1700年代起開始製造薰香線香，並與當時的文人墨客密切往來，因此開始著手研究如何製作優質筆墨。這是從香材買賣起家的鳩居堂跨入文具界的開始。

由於歷代當家對當時的國家社會有卓越貢獻，到了明治10年，太政大臣三條實美就把宮中祕傳的調香法全部傳授給鳩居堂，成為宮中御用達。鳩居堂於是到東京開設新店鋪，以就近對應皇室的需求。

京都的製香老店各有千秋，鳩居堂的獨特之處在於擁有皇室的獨家秘方，而且是自平安時代起傳承900多年不變的香味。商品分香道專用的煉香、一般家用的線香、西式的薰香蠟燭以及蚊香、香包等等。無論是哪種形式，都是使用天然香木製成。在本館與別館都有提供聞香體驗，並在距離本館不遠處也設有「聞香處」。

傳統又典雅的文具房

本店在明治、大正時代都曾因遭逢火災而進行重建，在令和時代疫情蔓延期間，由日本知名建築師內藤廣操刀，完成最新一次的翻修。挑高的木造天花板製造延伸的空間感，大面積的落地窗汲取了自然光線，帶來通

1

1. 別館設有喫茶區，可用銅板價格吃到京都法國料理名廚特製的馬卡龍／2. 以電子香爐體驗沉香或伽羅的香氣／3. 本店空間寬敞，挑高的木製天花板引人注目

透感；加上有一座簡約沉穩的中庭綠地，整體格調優雅大器。

並在本店的斜對面成立了別館，內裝質感彷彿藝廊般，展售一澤信三郎的聯名商品、單張零售的信封信紙等等。並設立了喫茶區，提供一保堂茶鋪的焙茶，搭配榮獲米其林二星、京都知名法國餐廳「MOTOI」為其特製的馬卡龍，讓顧客在選購之餘也能稍事休憩。

到「聞香處」聞香靜心

沿著本店往北走，約莫5分鐘就能抵達鳩居堂結合茶館與聞香體驗的專門店「聞香處」。顧客可挑選想要體驗的薰香，別擔心有選擇障礙或是語言不通的問題，因為店內只有兩種選擇：一般等級的「沉香」和較高等級的「伽羅」，算是入門與進階的概念。選好入座後，店員會指導你如何利用電子香爐來嗅聞薰香。

那天我選擇了沉香。透過加熱，氣味才會逐漸發散開來。鳩居堂的沉香在木質調中帶有微妙的乳香與一絲清涼的青草氣息，同時又能感受到類似中藥的藥香。在香氣繚繞中，時間也彷彿靜止了，遠離了觀光景點與商店街的喧囂人潮，在這個由京町家改建的聞香空間中，身心得到了平靜安適。

②

③

豆知識

太政大臣

太政大臣，明治時代的太政官制的最高職位，等同於現在日本最高行政首長，也就是內閣總理大臣。

info

京都鳩居堂

地址｜京都市中京区下本能寺前町 520
電話｜075-231-0510
時間｜10:00～18:00
公休｜日本新年 1/1～1/3
網址｜kyukyodo.co.jp/index.html
IG｜Kyoto.kyukyodo

細尾─從天皇的訂製服登上國際精品

對多數人而言，提到西陣織，最先映入腦海的大概是一件件價格高不可攀的華美和服和腰帶吧！已有1,200年以上歷史的西陣織，曾是專門為天皇、貴族以及江戶時代的將軍等高階層人物訂做的絹織物，高貴、正式不在話下。然而隨著時代變遷，象徵京都傳統工藝的西陣織也面臨了必須開發新技術以符合時代潮流，且必須開拓海外市場。

西陣織老鋪「細尾HOSSO」的少主在數年前大膽的放手一搏，讓西陣織登上了國際精品界的舞台，同時也成功跨足室內裝飾界，備受歐美專業人士好評。曾經沉寂多年的西陣織到底是如何把和服腰帶變成摩登的家飾品以及時尚精品界也愛用的布料？

時尚精品品牌也愛用西陣織

細尾創業於1688年，起初是運用西陣織技術為京都高規格寺院的和尚們製作袈裟的店鋪，現在主要是製作、販售和服腰帶。在十幾年前開始利用原本的絹織技術開發新的布料，以絲綢為主，並將金箔、銀箔等貼在和紙上繪製圖樣，之後再將其剪裁成非常細的絲線後，再一一織入布料中，為織物帶來高雅的光澤感。

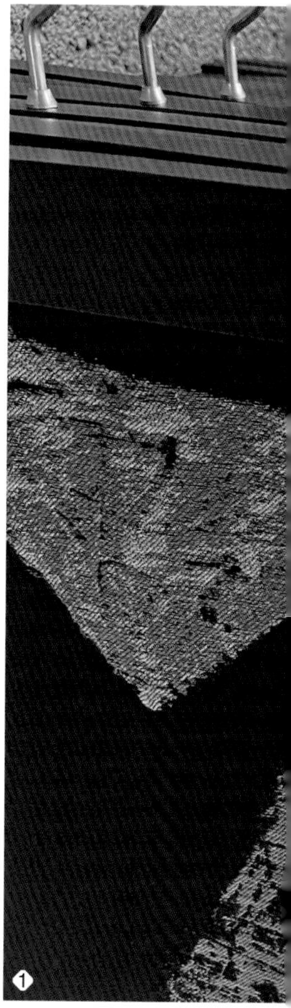

1.旗艦店內備有約150種西陣織花色和布料可參考／2.細尾旗艦店1樓LOUNGE也設有包廂座位／3.細尾寢具家具展售區一隅／4.細尾餐具家具展售區一隅

如今，這樣的布料被運用在法國與義大利時裝界，包括Dior迪奧、Chanel香奈兒、Gucci古馳等精品品牌的門市牆面裝飾以及提包設計上。同時，細尾也與國際家具品牌合作，在沙發椅、餐椅和坐墊等等的布料與圖案上，都能看到西陣織的新Look。能夠走向國際且大獲成功，要從細尾第十二代當家也就是現任社長細尾真孝當年「浪子回頭」繼承家業開始說起。

DJ少主繼承家業後致力開發藍海市場

就和京都多數百年老店的下一代繼承人一樣，細尾真孝在大學畢業後其實完全不想繼承家業，而是從事音樂活動當起了DJ。後來踏入珠寶設計領域，並到義大利留學。當時少主的父親（前任社長）正在籌畫與義大利工

匠合作包包製作的相關新事業，至此時機因緣俱足，懂得珠寶設計的少主決定返家繼承家業，並積極拓展新業務。

不是匠人的他，積極走上創新之路，運用西陣織布料製作日式圖案的坐墊，陸續到倫敦、香港以及時尚聖地巴黎、紐約等地參展，向世界傳達日本傳統工藝之美，因而受到迪奧等國際精品的青睞，並開發出京都唯一一台可織出150公分寬的織物布料機器，成功打開藍海市場。

「想要保留傳統技術就要下決心主動進行改革」，革新才能使傳統的技術和文化得以流傳，西陣織曾經是高級訂製品，後來因為引進新的紡織機器，每天能織出更多腰帶和布料，價格變得更親民，一般人也負擔得起並樂於在日常生活中使用。

在細尾旗艦店感受西陣織的時尚魅力

為了讓西陣織與日常生活能更緊密結合，細尾在京都市中心烏丸御池一帶開設了旗艦店，1樓設有Lounge以及家具、家飾的展示販售區，2樓

是藝廊，不定期舉辦藝術與服飾設計等主題性展覽。Lounge的空間設計相當優雅時尚且大器，同時又能讓人感到舒適放鬆。椅背與桌上的餐墊當然都是西陣織物，而且從飲品、季節性點心到茶器、杯盤等全都經過精心挑選與設計，甚至推出細尾原創巧克力。

首先向大家推薦這份精緻可口的「紅茶馬卡龍套組」。雙色馬卡龍的配色來自一千年前擁有豐富色彩美學的平安時代王公貴族女性的重襲色，春夏秋冬各有不同配色與口味。紅茶則是選用世界三大紅茶之一：祁門紅茶與伯爵紅茶調和而成的細尾特調紅茶，香氣迷人，風味高雅。飲料除了特調紅茶，咖啡、綠茶、抹茶與香檳等也都各有特色。同時，雙色馬卡龍和原創巧克力也是送禮的好選擇。

享用茶點之後，不妨到同樓層的展售區觀賞以西陣織製成的化妝包、手提包以及坐墊、寢具用品和家具等等，進一步體驗西陣織的色澤與紋樣之美。（本文部分內容參考出處：細尾官網）

豆知識

腰寬

一般的和服腰帶寬度是32公分，當年細尾被國際精品要求製造150公分寬的布料，是他們經過反覆嘗試才開發出這樣的織布機器。

重襲色

「重」是衣服的表裡布料的配色，「襲」是好幾件衣服重疊穿搭後的配色，比如平安時代公家女性的正式禮服「十二單」，統稱為重襲色（日文是かさねの色目）。

4

1.細尾旗艦店1樓LOUNGE／2.色澤典雅的西陣織餐巾布／3.馬卡龍紅茶套組十分精緻可口／4.全日本唯一的細尾旗艦店就在京都烏丸御池商圈

info

細尾旗艦店 HOSOO FLAGSHIP STORE

地址｜京都市中京区柿本町412
電話｜075-221-8888
時間｜10:30～18:00
公休｜週日
網址｜hosoo.co.jp/showroom/flagship
I G｜hosoo_official

延伸閱讀

選物店「D&DEPARTMENT KYOTO」

1.藝廊展示區是配合當月的特別企劃商品而定／2.京都店保留了寺院建築外觀與內部結構／3.選物多元、陳列用心／4.店內書刊區，與京都的ホホホ座合作／5.由佛堂改建的d食堂外觀

D&DEPARTMENT是由日本設計師、同時也是京都造形藝術大學的教授長岡賢明先生發起的一個計畫，以「Long Life Deign」（永續設計）為核心理念，透過在日本47個都道府縣開設選物店、食堂、出版D Design Travel系列特輯刊物以及舉辦各式展覽活動，讓大家在選購的同時能更進一步了解產品背後的故事、職人精神與工藝價值，並認識不同的風土文化。

來自日本各地永續設計的多元選品

D&DEPARTMENT KYOTO位在市中心四條烏丸商圈，歷史八百年之久的佛光寺境內，雖是熱鬧商圈，佛寺的靜謐自然而然地把車水馬龍與繁華喧鬧隔絕於外。京都店的店面規模並不大，氣氛樸實無華像是倉庫般，用心陳列著他們精選的made in Kyoto以及日本各地符合永續設計精神的產品。選品相當多元且與日常生活息息

相關，也充滿各地風土特色。無論是衣飾、杯碗、乾貨、調味料、咖啡茶葉等，整個選購的過程，像是進行一場有趣的「發現」與「重新認識」之旅。

與在地農家合作的期間限定定食

除了購物空間，還有一間兼具佛堂與食堂功能的「d食堂」。平均每個月會與在地企業或農家合作，推出期間限定、數量限定的特製菜單。

值得注意的是，食堂內的座椅全部都是山形縣的天童木工低座椅子，簡單流暢且優美的線條，低重心，一坐就覺得好舒服，久坐也不會累。坐在這樣的椅子上吃飯、看書、喝咖啡、品甜點有多舒適愜意，就等你下次來京都旅行時親自試試。

七大選品守則

第一號店在東京，一開始精選幾個創業30年以上的品牌，將他們旗下一些因時代變遷而銷售量下滑，但依然符合現代生活需求的Long Life Deign產品重新製造販售。以下是D&DEPARTMENT的七大選品原則，我在採訪時深受感動，也提供大家做為下次購物時的參考：

- 了解製作者的理念和製作過程
- 自己先用過覺得好才賣給顧客
- 合理的價格，不因追趕流行而大量生產
- 製作者對產品懷有堅持與熱忱
- 機能性強、使用安全、有維修服務
- 能讓使用者關心產品背後的歷史與故事
- 最後才是美觀

info

D&DEPARTMENT KYOTO

地址｜京都市下京区高倉通仏光寺下ル新開町 397 本山佛光寺內
電話｜店鋪 075-343-3217 食堂 075-343-3215
時間｜11:00 ~ 18:00
公休｜週三
網址｜www.d-department.com/ext/shop/kyoto.html
I G｜d_d_kyoto

6.食堂內全部採用天童木工低座椅，很舒服／7.食堂的定食菜單平均每月更換／8.咖哩飯是d食堂的招牌菜，加價可選咖啡或其他飲料、甜點／9.與京都「洸春窯」合作的原創交趾陶馬克杯

乘載著過去回憶的老建築

千年古都京都長久以來對於維護並保存傳統文化與老建築的價值始終不遺餘力，盡可能的延續老京都人的共同回憶；同時也展現一個現代國際都會該有的時髦、創新與活力。京町家是自古以來就有的傳統建築，其古色古香的韻味與功能性備受海內外遊客喜愛。然而因應時代變遷，京町家也在逐漸老化，加上少子化與高齡化，持續衍生出空屋問題。老屋重生成了世世代代的京都人的課題，地方創生加持觀光已然成為顯學。

新風館

新風館——由隈研吾打造的新建築

前身是舊京都中央電話局的新風館，本身就是充滿故事與可看性的歷史性建築。由吉田鐵郎設計，建於大正時代，在1983年登錄為京都市文化財第一號。2001年由電信局轉身為商業設施新風館（舊），到了2016年閉館整修，並由世界知名建築師隈研吾接手重新打造。在2020年6月開幕。並於2021年獲得建築界的奧斯卡獎「好設計獎」。

結合飯店、品牌名店、餐飲店與電影院等多重功能的新風館，是由日本NTT都市開發計畫與美國潮流旅店品牌ACE HOTEL合作，整體建築充滿隈研吾風格。隈研吾以京町家為概念，以傳統的木格系統來與磚瓦建築搭配，並且在建築與建築之間設計了中庭。打造出嶄新中有傳統，簡約且摩登的商業空間。無論是室內還是室外，磚瓦與木材、光線與風的流動、庭園與照明設計，都顯露出一股洗鍊、優雅又溫潤的氣質。

集結時尚、音樂、咖啡館、餐廳

源自美國西雅圖的連鎖飯店ACE HOTEL，以融合在地城市特色與老建築的設計見長，文藝氣息濃厚。他們選擇千年古都京都做為跨足亞洲的第一間據點，在不破壞百年古蹟的前提下，舊有建築的1樓規畫為商業空間，2、3樓則規劃成餐廳與客房。

另增建了新館，地下1樓是電影院UP LINK，以放映具藝術性與思考性的優質電影為主。1樓餐飲、服飾與生活風格名店齊聚，包括人氣40年不墜的選物店BEAMS、結合植物、藝術與自然農法的茶食酒的THISISSHIZEN以及首次登陸日本關西開店的「TRAVELER'S FACTORY KYOTO」等。用餐或小酌則有超人氣的「餃子處亮昌」、不定期會有DJ在現場演出的精釀啤酒吧「DIG THE LINE BOTTLE & BAR」等供你選擇。2到7樓則為ACE HOTEL KYOTO。

全球票選為日本第一名飯店

根據全世界最大旅遊網站Tripadvisor於2022年5月公布的一份排行榜顯示，日本部門第一名的飯店正是ACE HOTEL KYOTO。提供213客房、8種不同房型，處處可見東、西方品味的融合。

除了住宿，飯店內的幾處公共空間也讓人可輕鬆親近，像是1樓的Stumptown咖啡館，在挑高的飯店大廳中擺了長桌座位，既適合帶著筆電或書本到此度過咖啡時光，也常見在地的藝術與媒體相關人士在此一邊喝咖啡一邊討論工作。屋頂酒吧和義大利餐廳的裝潢設計和餐點也都精彩迷人。

4

5

6

1.新風館有多處面向馬路的出入口／2.Ace Hotel 1樓大廳的Stumptown Coffee Roasters樹墩城精品咖啡／3.接新舊館、充滿綠意的中庭是新風館的一大特色／4.Ace Hotel 2樓PIOPIKO酒吧餐廳的空間氛圍很時尚／5.THISISSHIZEN是一家結合了花店與藝術型態，可以享用茶酒點心的茶屋／6.首次進軍關西地區的超夯品牌BEAMS JAPAN

info

新風館

地址｜京都市中京区烏丸通姉小路下ル場之町586-2

電話｜各店鋪各異（詳情請上官網查詢）

時間｜週一～日 商店11:00～20:00
餐飲08:00～24:00（營業時間各店鋪不同，詳情請上官網查詢）

網址｜shinpuhkan.jp

IG｜shinpuhkan_official

京都文化博物館 別館——古典美的辰野式建築

京都三條通上佇立著幾幢古典美麗且氣勢磅礡的近代洋樓建築，是建築迷到訪京都時不可錯過的。其中這棟京都文化博物館的別館，可說是三條通的象徵性地標了。由設計東京車站的知名建築師辰野金吾與他的弟子長野宇平治聯手打造，以紅磚煉瓦為基底，白花崗岩線條構成的外牆以及古典的塔樓元素，特色顯著，在日本被稱為「辰野式」設計。這種建築形式也影響了日治時代的台灣建築，最知名的就是總統府。

前身是日本銀行京都分行

先來認識京都文化博物館的本館，是1988年以「平安京建都1200年紀念事業」的一環而設立的博物館，並在2011年重新整修完畢。藉由多樣化的展示資料，並配合企劃主題，介紹京都長達千年的歷史與文化。除了展覽之外，還會進行名作電影的上映活動。同時也是選購京都伴手禮、特色雜貨、文博館原創文具等等的好去處。此外，1樓設有重現江戶時代京町家風貌的「Roji老街」用餐區，有京都老字號料理店、蕎麥麵名店進駐。

別館原本是日本銀行京都分行，早在明治時期（西元1906年）便完工啟用。到了1969年被指定為國家級重要文化財產，並捐贈給京都府。走進別館1樓大廳，首先映入眼簾的是過去銀行受理業務用的櫃檯。挑高的天花板，光線從窗戶灑進，讓整個大廳呈現優雅又氣派的氛圍，有一種走過歲月的古典美。聳立的支柱、天花板上的格子窗以及地上美觀耐用又符合環保的亞麻油地氈等等，都被完好保留下來繼續使用。

在金庫喫茶店點一杯特調咖啡

別館內部平時開放讓民眾免費參觀，並且經常舉辦各式美術工藝展、手作市集、音樂會等活動。而建築物本身就是一件值得鑑賞的藝術作品。值得注意的是，原本在日本銀行京都分行時期使用過的金庫，也同樣被活化再利用，原地改裝成一間咖啡廳，由京都在地老牌「前田咖啡」進駐營運。是在烏丸三條這一帶購物途中的歇息好去處。

內部空間寬敞挑高且充滿復古氛圍，放眼全京都甚至全日本，也難得一見這樣的金庫喫茶店啊！推薦大家點一杯備受在地人愛戴多年的特調咖啡「龍之助」，或是我個人吃了多年也不膩的卡布其諾咖啡聖代，細細品味屬於京都既古典又現代的特殊氣息。

info

京都文化博物館 別館

地址｜京都市中京区三条高倉
電話｜075-222-0888
時間｜週二～日 10:00～19:30
（咖啡廳營業時間略有不同，詳情請上官網查詢）
公休｜週一
網址｜www.bunpaku.or.jp

1.京都文博館別館入口／2.京都文化博物館別館可說是三條通的象徵性地標／3.別館 1 樓大廳保留了過去銀行受理業務的櫃檯／4.位在別館與新館中庭的咖啡廳是由舊銀行金庫改建／5.挑高的天花板與格子窗大器又美觀／6.買張文博館原創明信片作紀念或寄給親友

①

②

③

立誠 Garden Hulic Kyoto
—化身新地標的城市花園

以《論語》的〈立誠而居敬〉命名的立誠國小，於西元1869年創校，是京都市第一所以鋼筋混泥土建造校舍的小學，也是第一個設有游泳池的小學。位在京都市中心繁華地段的高瀨川畔，奶油色的羅曼式建築（Romanesque，或譯為羅馬式）質樸典雅又渾厚。

曾經風光一時的立誠國小，在少子化的影響下也面臨了廢校的命運。然而在1993年廢校之後，透過當地居民與校友的努力，由官方與民間聯手推動「立誠文化城市計畫」，活用原本的校園空間打造成集結電影院、咖啡館以及藝術展演等活動的藝術中心，同時也是社區居民的交流場所。當時的名稱是「原立誠小學」（日文：元立誠小学校）。

結合餐飲與戶外空間的複合式飯店

到了2017年，在都市更新計畫下，京都市政府選定在地的大型不動產公司Hulic來負責立誠小學的活化再利用經營。並配合當地居民的要求，以不破壞既有建築物，高度也不能影響周邊景觀為前提進行整建。於是負責的工程單位將原本立誠小學的部分校舍加以翻新，在增建新棟8層樓建築時也不著痕跡的與舊有建築融為一體。

「立誠 Garden Hulic Kyoto」於2021年夏天重新開幕，成為一處結合了飯店The Gate Hotel、餐飲名店、劇場型的多功能文化廳（Hulic

4

5

Hall Kyoto）、立誠圖書館等綜合商業設施的休閒好去處。國際知名的「藍瓶咖啡」在京都的第三間門市「京都木屋町カフェ」、京都醬菜老鋪「西利」旗下的甘麴品牌「AMACO」的Café型態店鋪以及三得利精釀啤酒吧「MASTER'S DREAM HOUSE KYOTO」都進駐在此。同時也別錯過這家備受咖啡迷喜愛、在「原立誠小學校」時期就在舊職員室營業的咖啡吧「Traveling Coffee」。

值得一提的是，在寸土寸金的市中心還有這樣大片的草坪！除了能自由席地而坐休憩或野餐之外，這塊草地也是舉辦各種市集、繪本朗讀等戶外活動的極佳場地。如同空間設施的名稱「立誠Garden」一樣，確實是一座吃喝玩樂齊備的城市花園。

6

銜接過去與未來的核心理念

有幾個地方依然能看到立誠小學過去的樣子，包括正面玄關入口保留了原校名的木板門牌，而藍瓶咖啡則以「使用學校內的綠色」做為室內設計概念。在東京擁有3家，首度插旗京都的四星級飯店The Gate Hotel，也保留了舊有校舍的窗戶、欄杆等元素，在在呼應著該飯店的核心理念「能同時回望過往美好並迎向未來的通道」。

NOTICE

戶外野餐注意事項

請配合該設施的公告與相關使用規則，請勿破壞草皮與隨地丟棄垃圾。

info

立誠 Garden Hulic Kyoto

地址｜京都市中京区蛸薬師通河原町東入備前島町 310-2
電話｜075-256-8955（The Gate Hotel）
時間｜週一～日 商店 11:00～20:00，餐飲 08:00～24:00
網址｜www.hulic.co.jp/business/rent/hotel/272

1.The Gate Hotel大廳／2.立誠小學原本的校舍依然優雅地佇立在高瀨川畔／3.立誠花園的大草坪是舉辦活動的時髦場地／4.走進西利的甘麴品牌咖啡店將打破你對醬菜的既有認知／5.藍瓶咖啡在京都的3號店就坐落立誠花園內／6.立誠圖書館可自由入內閱讀

3

1

星巴克京都二寧坂YASAKA茶屋店——全球唯一榻榻米的星巴克

許多國際品牌到京都設立海外分店時，會換上和風模樣，以符合京都市區的建築條例，以及低明度、低彩度、低調有質感的氣質。最常見的就是選擇傳統建築京町家加以改造。全球第一家也是唯一一家有榻榻米座位的星巴克門市，就位在京都最知名的觀光景點清水寺附近的二寧坂石階旁。當年（2017年）一開幕就引爆全球話題，海內外媒體爭相報導，全世界遊客爭相朝聖打卡。隔年2018年還榮獲「京都景觀賞」屋外廣告部門的「名譽市長獎」，至今依然是全世界星巴克迷、咖啡迷以及喜愛日式建築的旅人必訪之地。不過由於店鋪招牌非常低調，也曾讓不少旅客沒注意到這就是星巴克；或是專程而來的咖啡迷已經到了門口卻渾然不覺，看了手機導航地圖指示才恍然明白。

4

5

2

info

星巴克京都二寧坂 YASAKA茶屋店

地址｜京都市東山区高台寺南門通下河原東入
桝屋町 349
電話｜075-532-0601
時間｜週一～日 08:00 ～ 20:00
公休｜不定休
網址｜store.starbucks.co.jp/detail-1476
I G｜starbucks_j

1.很有京都氣氛的星巴克美人魚軒行燈／2.前庭是以茶道三千家的「表千家」風格設計／3.星巴克京都二寧坂 YASAKA茶屋店的店門口／4.點餐後穿過通路到後方吧檯取餐時，記得留意這樣的坪庭設計／5.2 樓榻榻米座位區總是座無虛席／6.這幅掛軸代表清水寺的音羽瀑布以及抽取咖啡時的意象

致力融入在地文化的連鎖咖啡店

星巴克這家門市的正式名稱是「星巴克京都二寧坂 YASAKA 茶屋店」，建築本身是超過百年歷史的兩層樓傳統日本家屋，座落在被指定為「重要傳統建築物群保存地區」的二寧坂、產寧坂街區。

戶外木板招牌上沒有星巴克為人熟知的綠色 Logo，入口處懸掛著的日式門簾也沒有店名，只有銅製的小小門牌上寫著 STARBUCKS。而屋簷上的一盞軒行燈，映出了星巴克 1971 年創業時的雙尾人魚模樣，整體外觀古色古香，韻味綿長，與周邊二寧坂街區的全體景觀相當協調，完全沒有全球咖啡連鎖店的色彩。這是全球星巴克的特色門市的共同語言——致力融入地方，成為傳達在地歷史、文化與工藝的時尚據點。

2樓奧之座席榻榻米區藏有玄機

除了在外觀上處處用心，內裝的細節更是讓人讚嘆。1樓是一般桌椅客席，最具代表性的榻榻米座位位在2樓。包括獨立成一區的「四疊半座席」、「奧之座席」以及開放性的「小上座席」。值得一提的是，奧之座席的牆上掛軸，是一幅名為「瀑布」的作品，創作靈感來自清水寺的音羽瀑布和抽取咖啡時的水流意象。而坐墊則是採用與西陣織相同技法製成的。

此外，店內小巧的前庭與較為寬廣的後庭，則分別以茶道三千家的「表千家」與「裏千家」的風格設計而成，流露著沉靜安穩的氣息。中庭是座迷你石庭，也為幽暗的店內注入自然光線，這也是傳統京町家的建築技法之一。綜觀屋裡屋外的設計，全都為了盡可能保留這幢百年老屋原本的模樣。在這裡度過的咖啡時光，就是那麼的京都！

Hashigo Cafe 梯子咖啡——在地人流連的錢湯咖啡館

昭和時代，京都市內到處都有錢湯也就是大眾澡堂。然而近年來陸續歇業，雖然是時代變遷的必然現象，所幸京都人喜新戀舊，擅長賦予老舊建築新生命，由老錢湯改造成的咖啡館，不只營造出非比尋常的獨特氛圍，店家在菜單設計上也十分用心，於是一家家錢湯咖啡便陸續成為在地人和觀光客再三流連的居所和打卡景點。其中這間位在右京區太秦住宅區的「Hashigo Cafe 梯子咖啡」，2018年開幕迄今，還沒那麼觀光化，很適合想要融入本地人生活場景的資深旅人。

處處有原本澡堂的過去風情

搭乘京都百年路面電車嵐電北野線，在「常盤站」下車後走路約4分鐘就到「梯子咖啡」。店主原本在和歌山經營同名咖啡館，後來為了愛情嫁到京都，喜歡寬闊空間、咖啡和DIY的她，對於這幢老錢湯建築一見鍾情，立刻簽約。她盡量不破壞原本大眾澡堂的結構，寬敞的內部空間，挑高的天花板有一大面採光用玻璃窗，為室內增添一股溫暖沉穩的氣息。從鋪著磁磚的內裝、沖澡的水龍頭到大小浴池座位區，處處流露著過去的澡堂風情，每個角落都有令人看了會微笑的可愛亮點，舒服到讓在地人一坐就忘了時間，甚至不想回家了。

info

Hashigo Cafe梯子咖啡

地址｜京都市右京区太秦青木ヶ原町 3-4
電話｜ 075-862-0845
時間｜ 11:00 ～ 18:00
公休｜週三、四
網址｜ www.facebook.com/hashigocafekyoto
I G ｜ hashigocafe_kyoto

1.梯子元素也是無所不在／2.梯子咖啡吧檯／3.原本用來隔離的男湯女湯的白磚牆一部分被保留下來／4.店內保留許多澡堂的元素像是浴池、天井／5.令人會心一笑的浴池座位／6.手作印度咖哩飯很受歡迎／7.他們家的熱咖啡很醇厚，苦味與酸味適中／8.冬天時會提供暖桌座位／9.必點法式吐司甜點，有京風（本文圖示即是）、焦糖堅果等口味

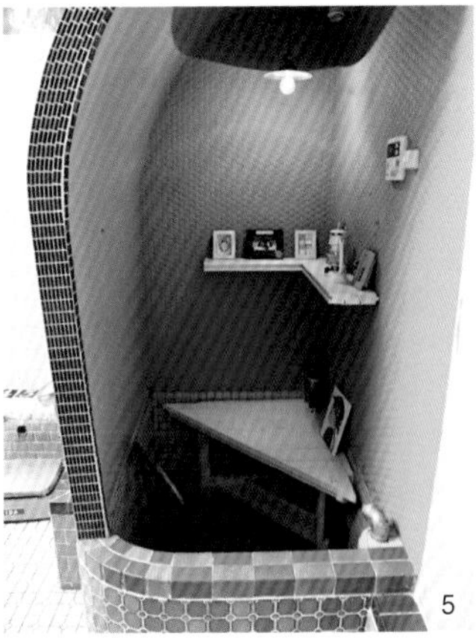

5

特別推薦咖哩飯和法式吐司

能讓人一去再去的咖啡館，當然不是只靠內裝取勝，美味出眾的餐點才是亙古不變的核心價值。中午的本日套餐每天更換菜色，招牌餐點則是手作印度奶油雞肉咖哩飯以及歐姆蛋牛肉燴飯。特別推薦他們的法式吐司給喜愛甜點的朋友，使用法國長棍麵包而不是常見的厚片吐司，煎得有些焦香，口感像是布丁麵包與法式可麗露綜合版，外酥內軟又有嚼勁。有四種口味，覆盆莓（木莓）、京風、焦糖堅果（キャラメルナッツ）和巧克力香蕉（チョコバナナ）。其中我特別喜歡淋了黑糖蜜灑了黃豆粉的「京風」法式吐司，搭上順滑綿密的抹茶鮮奶油與甜度剛好的紅豆，還有一球香草冰淇淋，分量十足但完全不會膩口，吃完意猶未盡，幸福感瞬間提升！抹茶控一定不要錯過啊！夏天來的話，就可嘗嘗季節水果刨冰。

隱身在京都歷史悠久的太秦住宅區的梯子咖啡，是一間一個人獨處很自在，與閨蜜好友談心也很棒的「祕密基地」。這樣的咖啡館，其實真的不想告訴太多人啊！

6

7

8

9

來一場迷人的路地散步

西元794年日本第五十代天皇桓武天皇遷都平安京，仿照當時唐朝的首都長安與洛陽的都市制度，以棋盤式（日文稱為「條坊制」）佈局平安京，主要道路以大路、小路稱之，狹小道路則稱為路地。時至21世紀，京都市中心依然維持棋盤式的整齊街廓，然而多半狹窄且單行道多。加上京都的地址標示別樹一格，偏偏許多內行人才知道的餐飲名店就隱身在小巷弄裡，一不小心就容易迷路呢！

まつもと
まつもと
まるで和菓子
贅沢
十勝粒あん 350円

到西陣路地散散步

在京都上京區、中京區、下京區、左京區、右京區、東山區、伏見區、北區、南區、山科區、西京區共11個行政區中，並沒有西陣這個地域名稱，京都人口中的西陣，是指東到堀川通、西至七本松通，北至鞍馬口通，南到中立賣通這個區域。而西陣的地名由來，與日本史上一場內亂有關。

日本室町時代（15世紀）發生「應仁之亂」，這一帶是「西」軍紮營本「陣」之處。戰亂結束後，原本避難的紡織職人們陸續回京，集中在這一帶製作絹織物，代表京都的傳統產業之一「西陣織」於焉誕生。

雖然附近有晴明神社，北野天滿宮也算是西陣範圍，但總體而言西陣並不過於觀光化，比較算是本地人的生

❶

活區域；且少有新建的公寓大樓，至今街坊依然充滿著走過歲月的氣息，樸素、安穩、沉靜。而這裡也正是京都的「路地」寶庫。

先來快速了解什麼是路地。路地是指建築物之間的狹窄小路，即窄巷。沒有面向主要道路，且多半只有一方可通行。位在西陣的三上家路地，就是京都路地的典型代表。

1.三上家路地是很典型的京都路地／2.紋屋圖子與皇室御用達有關／3.雨寶院是隱藏版的賞櫻景點

三上家路地——電影與電視劇的拍攝取景地

三上家族世世代代曾是日本朝廷與將軍的御用織物商，而「三上家路地」則是集合式長屋，有130多年的歷史。這裡是商住混合型長屋，三上家位在最裡側，兩旁是陶藝等設計師與藝術家們的工作坊同時也是住家。路地瀰漫著時間刻劃後的韻味，向來是日本電影與電視劇取景的好場所。

而觀光客也可以自由進出，前提是不能打擾住戶安寧或破壞其隱私。推薦大家逛逛dorato蜂蜜專賣店（日文是ドラート），架上陳列著日本國產與世界各國約40種的蜂蜜，不使用砂糖和保存劑，店主還會依照客人的需求與飲食習慣來推薦適合你的蜂蜜呢！

紋屋圖子（紋屋図子）——在地人的私房賞櫻景點

連接大宮通與智慧光院通的紋屋圖子，是一條全長約150公尺的東西向街道，因為這裡曾聚集了設計紡織物圖案的工匠們而得名。但以前曾是一條死巷。後來由皇室御用達「御寮織紋屋井關」的當家井關七右衛門將小巷打通，就成了現在的紋屋圖子，鄰里街區就叫做紋屋町。

隨著時代演變，後來西陣織產業曾一度衰退，有不少傳統織物商的町家因而被拆除。即使如此，依然有許多老房子被有心人士保留下來。這附近還有隱藏版的賞櫻景點，像是雨寶院、本隆寺等，都是歷史悠久且不以觀光為導向的寺院。到此可享受安靜不喧鬧的京都時光。

漫步在市中心的古樸巷弄

先斗町——充滿懷舊風情的美食街

位在京都鬧區鴨川畔的先斗町，日語發音是pontocho，是京都的五花街之一，先斗町歌舞練場就坐落在此。名稱由來眾說紛紜，以源自葡萄牙語ponta，意思是「先」的這個說法被最多人採信。四百多年前，這裡曾是熱愛西洋文物的織田信長將葡萄牙人集中的鴨川沙洲。當時葡萄牙人築堤開發河岸，所以稱這裡是ponta。後來京都人跟著唸成ponto，並用漢字寫成先斗。

先斗町南起四條通北至三條通，各式餐廳、料亭、酒吧林立，由連綿的京町家建築、千鳥圖案的紅色燈籠與石板路堆砌出滿滿的京都風情。不只餐飲選擇多，向晚時分常有機會目睹舞妓藝妓們快步穿梭趕往工作地點，因此入夜後的先斗町特別吸引觀光客。每年夏季期間店家會在面向鴨川的那側搭建露臺，讓客人坐在夏夜晚風中飲酒吃飯，稱為「鴨川納涼床」，通常一位難求。

而先斗町這條小路裡，還有25條「路地」，直接以號碼例如17番、18番路地標示。位在先斗町以及各條路地裡的餐飲名店相當多，無論日式還是法式，高檔或是庶民價位通通

1

2

3

有，像是高級法式料理「禊川」、酒吧「Atlantis」、抹茶甜品名店「茶香房 長竹」等等，都備受海內外遊客喜愛。每當夜幕低垂，便湧進來自世界各地的觀光客到此覓食或拍照留念。

柳小路——懷舊氣息的血拼聖地

從繁華的四條通與河原町通交叉口約步行1分鐘，就會拐進這條窄巷般的石板小路——柳小路。入口處有棵隨風搖曳的柳樹且豎立著柳小路石碑，小路兩側餐飲店、飾品店林立。

柳小路歷史悠久，在安土桃山時代就已存在，當時的名稱是「柳的本小路」。在這條長度約莫只有70公尺的路地之中，有一座祭祀「八兵衛明神」的神社、美容院、精品家具店Unico Kyoto、糖果般五顏六色的飾品店nanaco plus以及內行人都知道的肉割烹餐廳「御二九と八さい はちベー」、立食居酒屋「柳小路TAKA」、串燒、蕎麥麵、義大利餐廳等等。

1.先斗町內有許多以數字命名的路地／2.先斗町歌舞練場的積雪模樣／3.先斗町的千鳥圖案燈籠與石板路營造出滿滿的京都風情／4.柳小路的八兵衛明神社／5.位於市中心的柳小路有一股時髦的況味／6.柳小路的飾品店

1.膏藥辻子和杉本家住宅的指標／2.列為重要文化財的杉本家住宅每年祇園祭期間會開放參觀（須付費）／3.位於膏藥辻子裡的木版畫店「竹笹堂」／4.膏藥辻子一隅，照片中右側是杉本家的牆壁／5.遠近馳名的和釀良麵就位在「巷子內」

而且柳小路附近就是新京極商店街，加上河原町通，喜歡逛街購物的人可規畫一整天在此區吃喝採購。

膏藥辻子——隱藏在鬧區的靜謐小路

我與膏藥辻子（或稱為膏薬「図子」）這條小路的初相遇，是許多年前祇園祭的前夜祭「宵宵宵山」的傍晚。當時剛移住京都，心境還像是遊客，我滿腦子好奇，這條小巷子葫蘆裡到底賣什麼膏藥？是聚集了很多間歷史悠久的漢方藥鋪？非也。而是與被尊稱為「市聖」的高僧——空也上人有關。

平安時代空也上人在膏藥辻子這一帶興建了念佛道場，「空也供

養」的日文發音是くうやくよう kuyakuyou，口耳相傳後變成了膏藥こうやく kouyaku。

這是一條位在京都市中心的四條通與綾小通（東西向）以及西洞院通與新町通（南北向）之間，形狀像日本古時候的鑰匙一樣彎曲的狹小巷弄。只要踏上巷弄的石板路，原本市中心車水馬龍的喧囂彷彿立刻消失，安靜到有點不可思議。慢慢走個幾步路，能感受到時間像河一般緩緩地流著。

巷弄裡傳統京町家建築櫛比鱗次，而傳承著日本古老印刷技術的木板畫公司「竹笹堂」，以及被列為重要文化財的京町家代表建築之一「杉本家住宅」就位在其中。

撞木圖子——美食家最愛的小酒館路地

位在四條通北側，室町通與新町通之間的這條東西向T字形、總長約100公尺的撞木圖子，名稱由來是小巷的形狀像是敲擊鳴金樂器「鉦」的道具。

小巷兩側受歡迎的餐飲店不少，而且法式、中華料理、拉麵、壽司都有，所以又被美食家暱稱為「ビストロろじ」（bistro roji），意即「什麼都有的小酒館路地」。像是「巷子內」的沾麵拉麵名店「和釀良麵」，店鋪裝潢相當低調，從外面看來似乎不用排隊就可馬上入座，然而低頭推開門進去之後才知道別有洞天，裡面有座小巧的庭園，且拿著號碼券等著吃麵的人已蜿蜒數公尺。

白天安安靜靜的撞木圖子，向晚時分會換上熱鬧的面貌，是在地上班族下班後相約吃飯飲酒的好去處。而京都三大祭之一祇園祭的山鉾之一放下鉾，町會所就位在撞木圖子與新町通的交會口。

看懂京都地址

日本的地址是以「市、町、丁目、番地」的原則來標示，但是京都不來這一套。京都市的地址一直是用「道路的交叉口加上方位」，比方說京都市中心繁華熱鬧的四條河原町商圈，四條通與河原町通的交叉路口，從這個路口往西就叫「西入」、往東是「東入」、往北為「上る」、往南為「下る」。

以京都地址來做文章，一直是日本各大綜藝節目常見的主題，表面上是誇讚京都底蘊深奧，實則揶揄天龍國人真是難搞。某知名節目進行過許多次街頭訪問，路上隨機抓幾個土生土長的京都人，拋出考題：請問這個地址「京都市中京区寺町通御池上る上本能寺前町488」是指哪裡？10個有10個都能自信滿滿且立刻回答是寺町通與御池通交叉口的「京都市役所」。

另外再來看這個地址「京都市中京区四条通高倉西入立売西町79番地」，指的是大丸百貨京都店的所在地。讓我們來解構這串地址，意即「東西向的四條通與南北向的高倉通的交叉點，往西，79號」。相較於「大丸百貨就在在四條烏丸通附近」這種籠統的說法，精準度百分百。

1

從歌詞解讀京都地址

超過三代生長、居住在京都的京都人，從小學時代起，腦海中都有一張棋盤狀的京都市區地圖，而且他們從小就會唱這兩首京都道路名稱童謠：以京都市東西向和南北向道路的路名縮寫而成《丸竹夷》和《寺御幸》。

在此簡單列出代表的歌詞：

1.這個路牌的意思是南北向的豬熊通與東西向的梅小路通的交叉口往北／2.京都的仁丹路牌

丸竹夷二押御池
丸太町通竹屋町通夷川通二條通押小路通御池通（對應路名）
姉三六角蛸錦
姉小路通三條通六角通蛸藥師通錦小路通
四綾佛高松万五条
四條通綾小路通佛光寺通高辻通松原通萬壽寺通五條通
雪駄ちゃらちゃら魚の棚
雪駄屋町通鍵屋町通魚之棚通
六条三哲通りすぎ
通過了六條通三哲通
七条越えれば八九条
七條通過了就是八條通九條通
十条東寺止めさす
最後就到十條通東寺

而這首《丸竹夷》也曾出現在《名偵探柯南：迷宮的十字路》電影版中，並成為劇中重要的推理線索之一。

看懂了京都地址，加上弄清楚東西南北方向後，就能讓你的京都自由行進行得更順利，穿梭在大街小巷中也不容易迷路了。不過就算一時迷路也不必驚慌，只要能回到東西向的主要馬路：四條通或南北向的烏丸通，就能判斷出自己身在何處了。

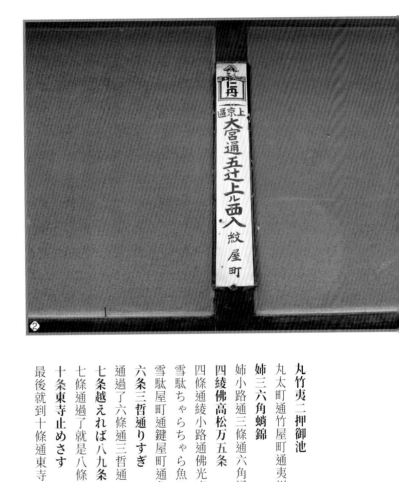

世界主題之旅 146

京都深度私旅：

在地人的私訪路線 X 有故事的口袋名單

作　　者　　林奕岑

總 編 輯　　張芳玲
編輯主任　　張焙宜
企劃編輯　　張焙宜．孫冠禎
主責編輯　　張焙宜
特約編輯　　邱律婷
封面設計　　何仙玲
美術設計　　何仙玲

國家圖書館出版品預行編目(CIP)資料

京都深度私旅：在地人的私訪路線X有故事的口袋名單 / 林奕岑作. -- 初版. -- 臺北市：太雅出版有限公司, 2024.01
面；　公分. -- (世界主題之旅；146)
ISBN 978-986-336-474-0(平裝)
1.CST: 旅遊 2.CST: 日本京都市

731.75219　　112017980

太雅出版社
TEL：(02)2368-7911　FAX：(02)2368-1531
E-mail：taiya@morningstar.com.tw
太雅網址：http://taiya.morningstar.com.tw
購書網址：http://www.morningstar.com.tw
讀者專線：(02)2367-2044、(02)2367-2047

出版者　　太雅出版有限公司
106020臺北市辛亥路一段30號9樓
行政院新聞局局版台業字第五〇〇四號

讀者服務專線 TEL:（02）23672044 /（04）23595819#230
讀者傳真專線 FAX:（02）23635741 /（04）23595493
讀者專用信箱 service@morningstar.com.tw
網路書店　　http://www.morningstar.com.tw
郵政劃撥　　15060393（知己圖書股份有限公司）

法律顧問　　陳思成律師

印　　刷　　上好印刷股份有限公司 TEL：(04)2315-0280
裝　　訂　　大和精緻製訂股份有限公司 TEL：(04)2311-0221

初版二刷　　西元2024年05月22日
定　　價　　420元
(本書如有破損或缺頁，退換書請寄至：
台中市西屯區工業30路1號 太雅出版倉儲部收)

ISBN 978-986-336-474-0
Published by TAIYA Publishing Co.,Ltd.
Printed in Taiwan